Ocho maneras seguras de fracasar... y cómo evitarlas

Rafael L. Holland

*Ocho maneras seguras de fracasar…
y cómo evitarlas* por Rafael L. Holland
Publicado por Publicaciones Casa Creación
Una división de Strang Communications Company
600 Rinehart Road
Lake Mary, Florida 32746
www.casacreacion.com

No se autoriza la reproducción de este libro ni de partes del mismo en forma alguna, ni tampoco que sea archivado en un sistema o transmitido de manera alguna ni por ningún medio –electrónico, mecánico, fotocopia, grabación u otro– sin permiso previo escrito de la casa editora, con excepción de lo previsto por las leyes de derechos de autor en los Estados Unidos de América.

A menos que se indique lo contrario, todos los textos bíblicos han sido tomados de la versión Reina-Valera, de la *Santa Biblia*, revisión 1960. Usado con permiso.

Copyright © 2003 por Rafael L. Holland
Todos los derechos reservados

Asesores: *Saúl González, Marco Romero, Alejandro Sarmiento, Rolando Carrizales*

Traducido por: *Rafael Cruz*
Editado por: *Holly Carrizales*
Diseño de portada por: *Kami Martín*
Diseño interior: *Grupo Nivel Uno Inc.*

ISBN: 1-59185-424-5

Impreso en los Estados Unidos de América

03 04 05 06 07 08 09 ❖ 9 8 7 6 5 4 3 2 1

Dedico este libro a mis colegas de ministerio
quienes me animaron a poner por escrito
esta enseñanza que consideraron
bendición para sus vidas.

Contenido

Prólogo 7
Prefacio 11
Introducción 13
1. Una visión indefinida 21
2. Conflictos no resueltos y heridas
   no sanadas 35
3. Mal manejo del tiempo y prioridades
   fuera de lugar 47
4. Trabajando en contra de su don 57
5. Actividad sin productividad 67
6. Temores mal manejados o no
   identificados 75
7. Experiencias y relaciones negativas 87
8. Un espíritu mal nutrido 97
Conclusión: El estímulo de Dios en el
camino al éxito 105

Prólogo

Cada vez que he pasado tiempo con el pastor Rafael Holland he sido profundamente impresionado por su honestidad y transparencia al compartir conmigo vivencias que muchos líderes preferirían mantener en privado para no arriesgarse a afectar su imagen de perfección ante los demás.

Estoy convencido de que la razón por la que lo ha hecho es para ayudarme a entender que la gracia de Dios es más fuerte que cualquiera de mis debilidades, y que es posible pasar por momentos de terrible frustración y volver a ser vivificado en nuestra alma. Creo firmemente que cada uno de los capítulos de este libro ha sido escrito con la misma motivación, desde una perspectiva pastoral, y con una riqueza de sabiduría práctica mezclada con la compasión que solamente puede venir como consecuencia de haber pasado personalmente por las mismas luchas y pruebas.

En varias ocasiones he tenido la oportunidad de experimentar esta extraordinaria mezcla de sabiduría y compasión a través del ministerio del pastor Holland. Uno de esos momentos ocurrió un domingo cuando, al finalizar su mensaje, le dijo a la congregación de Mundo de Fe que debía de obedecer a Dios y hacer algo antes de terminar el servicio.

En ese momento nos llamó a Carla y a mí al frente para orar por nosotros y bendecirnos. La noche anterior habíamos concluido el congreso Aliento del Cielo que organizamos anualmente en Dallas, Texas. Por demás está mencionar que, aunque felices por haber visto una manifestación maravillosa de la gloria de Dios en los tres días anteriores, mi esposa y yo estábamos sumamente cansados por la intensidad de lo que habíamos vivido. He estado en el ministerio el tiempo suficiente como para saber que uno de los factores que nos pueden hacer más vulnerables a los ataques del enemigo es precisamente el agotamiento.

El pastor Holland, discerniendo nuestra necesidad, extendió sus brazos y nos cubrió con una oración de bendición que nos refrescó enormemente. Carla y yo nos habíamos vaciado durante el congreso y ahora estábamos siendo ministrados.

Mas tarde, al meditar en lo que había sucedido ese día, pude comprender que lo que el pastor hizo fue simplemente extender sus alas de cobertura espiritual sobre nosotros para protegernos de los peligros que él bien sabía que enfrentaríamos. Él había pasado muchas veces por situaciones similares, y sabía perfectamente la importancia de ser

Prólogo

cubiertos y fortalecidos en un tiempo así para enfrentar con sabiduría las tentaciones que vendrían.

Esa sensibilidad no se aprende en libros ni en cursos sino en la vida real, al pasar por experiencias de profunda frustración y dolor, y recibir la gracia y el consuelo que permite después ayudar a otros.

Ese día dejó una profunda marca en mi corazón. Aprendí que la compasión de Jesús no es algo que se manifiesta sólo cuando estamos *en medio* de un problema, sino que se presenta también *antes* de que surja un problema, para aconsejarnos, guiarnos y evitar que lleguemos a una crisis.

Ese es el gran valor de este libro, que combina la sabiduría que sólo puede venir por la experiencia, con la compasión de un padre que desea fervientemente evitarle a sus hijos los mismos dolores de cabeza que él padeció por no haber tenido una mejor guianza.

Al leer estas páginas, usted recibirá no sólo la instrucción de un entrenador experto que le ayudará a hacer los ajustes necesarios para mejorar su estilo de vida, sino también la sabiduría de un consejero compasivo, que le ayudará a salir de la cueva de la frustración hacia una vida de éxito.

Marco A. Barrientos

Prefacio

El pastor Rafael Holland ha dado muchas veces estos temas en conferencias y seminarios de liderazgo como "Ocho maneras seguras de fracasar". A pesar de que este título parece negativo a primera vista, más bien indica los retos más comunes que causan frustración, y a menudo, fracasos en la vida de muchos creyentes. Con transparencia y franqueza, él enfoca las causas que llevan a un fracaso seguro, pero entonces lo guía en dirección al éxito en las áreas prácticas y básicas de la vida.

No es la intención de que este sea otro libro de éxito en el liderazgo, sino uno que lo prepare a usted para poder leer el próximo libro sobre el éxito con resultados positivos por haber confrontado las situaciones de su propia personalidad que deben ser corregidas antes de poder alcanzar el éxito.

Introducción

"Simón, Simón, mira que Satanás ha pedido zarandearlos a ustedes como si fueran trigo. Pero yo he orado por ti, para que no falle tu fe. Y tú, cuando te hayas vuelto a mí, fortalece a tus hermanos. 'Señor —respondió Pedro—, estoy dispuesto a ir contigo tanto a la cárcel como a la muerte'".

Lucas 22:31-33 NVI

La vulnerabilidad de nuestra vida cristiana es revelada en la vida de Pedro, uno de los hombres más cercanos al Señor. «El que cree que está firme, tenga cuidado...» (vea 1 Co 10:12). ¿Por qué no pensaríamos que Pedro, el fuerte pescador, pudiera mantenerse firme en los momentos de dificultad? Encontramos la clave en el versículo 31: "Simón, Simón, mira que Satanás ha pedido zarandearlos a ustedes como si fueran trigo".

La fe de Pedro no le falló. El Señor no le falló. ¡Su confianza en su propio carácter fue lo que le falló! El fracaso o la desilusión en sí mismas siempre son el resultado de un razonamiento erróneo, de emociones fuera de balance o de un espíritu que necesita ser alimentado. Pedro, en su manera impetuosa de ser, estaba hablando basado en lo que veía y en una confianza arrogante. Jesús estaba con él. Jesús había demostrado su divinidad. Pedro había recibido revelación acerca de Cristo y él tenía las llaves del reino de Dios. Él había estado en el Monte de la Transfiguración y había visto lo que muy pocos habían tenido el privilegio de ver. El éxito visible y el exceso de confianza pueden ser a menudo un catalizador para el fracaso.

Aún con las fallas en nuestro carácter y las debilidades de la carne, una verdadera fe en Dios nos llevará a sobreponernos al fracaso. Note que Jesús reconoció que ese fracaso era temporal y que nuevas dimensiones de fortaleza serían la respuesta a su oración por la fe de Pedro.

«Si usted realmente ama a Dios, no hubiera hecho eso...» «Algo debe andar mal en su compromiso con Dios...» «Él no es mas que un hipócrita...» «Sus acciones no van de acuerdo con sus palabras...»

No estoy de acuerdo con los críticos que han destruido las esperanzas de muchos, como yo, pensando que el fracaso era el fin de una vida útil con un sentido de destino y de propósito. Doy gracias a Dios por esas personas que están dispuestas a restaurar y alentar a aquellos que han tomado decisiones erróneas con serias consecuencias, y que estaban listos a «tirar la toalla» como un guerrero derrotado.

Filipenses 1:6 dice, "...que el que comenzó en vosotros la buena **obra**, la perfeccionará hasta el día de Jesucristo" (énfasis añadido). Si fuéramos una obra ya perfeccionada,

Introducción

esta Escritura no tendría sentido. Pero hay cierto perfeccionamiento de carácter que tiene que llevarse a cabo en cada una de nuestras vidas.

Y de acuerdo a la carta de Pablo a los Romanos, es evidente que aún las «malas experiencias» de la vida pueden ser convertidas en lecciones valiosas que nos llevan de regreso a la «pro-tesis» de Dios para nuestro destino. La «pro-tesis» o «lugar preparado de antemano» que Dios ha destinado que alcancemos, siempre será el supremo resultado que Dios desea para nuestras vidas, y Él hará lo que sea necesario para traer la victoria ante el sufrimiento, el éxito ante el fracaso. Recuerdo una tremenda enseñanza que mi esposa impartió hace algún tiempo, «El compromiso que Dios tiene con nosotros». Piense en ello. Él está comprometido con nuestro éxito.

El libro que usted está comenzando a leer no es una teoría o una filosofía acerca de cómo sobreponerse al fracaso. Es mi sincero esfuerzo de «fortalecer a los hermanos», porque yo, como Pedro, regresé a la fe que estaba fundada en una verdadera relación con Jesucristo. ¿Renuncié a mi fe en Jesús? ¡De ninguna manera! Pero sí me di por vencido ante mí mismo. Los líderes denominacionales también se dieron por vencidos con relación a mí. Una vez más, doy gracias a Dios por las personas que Él puso a mi alrededor en ese tiempo de desesperada necesidad, como mi esposa, que nunca dejó de creer en mí, y mi suegro, un hombre de altos principios y carácter, que ha sido mi mentor en el ministerio.

Es muy fácil teorizar. Es fácil predicarle a otros. Es fácil ponerse una máscara de invencibilidad y dar una falsa apariencia para proteger nuestra propia vulnerabilidad.

Es difícil ser transparente cuando siente que aquellos a

su alrededor piensan que usted nunca tiene retos en su propia vida. Créame, yo he conocido el dolor y la vergüenza de desilusionar a las personas a mi alrededor por mis propias fallas de carácter y mis fracasos.

Algunas de mis debilidades son tan infantiles que a mí me da vergüenza describirlas.

Probablemente usted diría, «Ya déjese de niñerías». Y créame, yo he tenido que crecer mucho a través de los años. Pero hay fracasos que son tan dolorosos que mencionarlos es como vivirlos de nuevo. Creo que Pablo estaba hablando acerca de sus fracasos al igual que de sus éxitos cuando dijo, "olvidando ciertamente lo que queda atrás... prosigo a la meta" (Filipenses 3:13-14).

He visto a algunos entretener a la gente con su sórdido pasado, teniendo poco que decir sobre la obra presente de Cristo en nosotros para perfeccionarnos.

Creo sinceramente que Satanás reconoce el peligro potencial que un creyente restaurado representa para su reino. Pablo dice en Romanos 4:7, "Bienaventurados aquellos cuyas iniquidades son perdonadas, y cuyos pecados son cubiertos. Bienaventurado el varón a quien el Señor no inculpa de pecado".

David también conoció el «zarandeo de Satanás» cuando el desastre vino a su vida durante un tiempo de malas decisiones. En 1 Crónicas 21:1, la Escritura dice,

Introducción

"Pero Satanás se levantó contra Israel, e incitó a David a que hiciese censo de Israel". Entonces, cuando tuvo que escoger el castigo por su pecado, él dijo en el versículo 13, "Estoy en grande angustia. Ruego que yo caiga en la mano de Jehová, porque sus misericordias son muchas en extremo; pero que no caiga en manos de hombres". Las consecuencias del pecado y el fracaso siempre son difíciles y dolorosas.

Verdaderamente creo que el pecado de Pedro fue la prueba de su fe. Y su fe no le falló. Fue sincero aun cuando dijo que él iría con Jesús hasta la muerte. Este era

> Llorar en la soledad riega el carácter y hace germinar el arrepentimiento.

un caso donde el desarrollo de su carácter no había llegado a la misma dimensión que su revelación. No hay duda en mi mente que Pedro se dijo a sí mismo, «No puedo creer que hice eso», cuando dijo esas palabras negando a Jesús. ¿Por qué? Porque la fe y la revelación se habían establecido en su vida a causa de haber caminado con el Maestro, y no se había olvidado de eso. Es obvio que su conciencia estaba saturada de fe, pero su carácter estaba todavía siendo influenciado por las circunstancias. Él salió y lloró amargamente. Llorar en la soledad riega el carácter y hace germinar el arrepentimiento.

El pecado no abandonado detendrá el crecimiento del carácter e infectará la fe con duda y doctrina errónea. Hay aquellos que «no han sido descubiertos» y que han decidido ignorar el fracaso, solamente para descubrir que la ternura de conciencia ha sido dañada y el fracaso subsecuente es inevitable. David nos hizo saber que su pecado estaba siempre delante de él. Sin embargo, la oración de arrepentimiento para que Dios lo limpiara en el Salmo 51 indica una madurez de carácter que fue afirmada por Dios en su doble testimonio acerca de David, «un hombre excelente... ... un varón conforme al corazón de Dios» (vea Hch 13:22).

Hay una gloriosa victoria para aquellos que se arrepienten después del fracaso, ya bien sea una carga, una debilidad o un pecado, y se aferran a la fe. Sin embargo, nunca debemos pensar que necesitamos experimentar un fracaso para tener un testimonio de haberlo sobrepasado. El pecado intencional es una rebelión y es peligrosamente debilitante. El remordimiento y el arrepentimiento están muy presentes cuando nuestro fracaso es basado en debilidad y no en maldad.

Muchas veces nuestros fracasos son a causa de fallas de carácter que han sido heredadas y que nunca han sido confrontadas. Concebir **maldad** intencionalmente es entretener los deseos de la carne, en contraste a la **debilidad** que resulta de una falta de desarrollo de carácter. Un desarrollo lento de carácter es el resultado de la salvación por obras y no por fe. Jesús no mencionó nada sobre las obras de Pedro sino solamente su fe.

Permítame ser práctico. Usted no puede impresionar a Dios con todo lo que hace si su fe y su carácter no están en armonía. Conocer lo que usted cree; eso es fe. Tomar decisiones basadas en su fe; eso es carácter.

Yo estaba tan enfocado en tener la doctrina correcta que descuidé el desarrollo de mi carácter. Y eso me llevó a tomar

Introducción

decisiones erróneas. Fracasos. Errores. Falsas apariencias. ¿Es importante la doctrina? Desde luego que sí. Pero no debemos descuidar el desarrollo de nuestro carácter. Pedro aprendió su lección. Desde luego, él tenía fe y revelación, o sea, una gran doctrina, pero su instrucción era muy sistemática (casi matemática):

> *"Vosotros también, poniendo toda diligencia por esto mismo, añadid a vuestra fe virtud; a la virtud, conocimiento; al conocimiento, dominio propio; al dominio propio, paciencia; a la paciencia, piedad; a la piedad, afecto fraternal; y al afecto fraternal, amor. Porque si estas cosas están en vosotros, y abundan, no os dejarán estar ociosos ni sin fruto en cuanto al conocimiento de nuestro Señor Jesucristo. Pero el que no tiene estas cosas tiene la vista muy corta; es ciego, habiendo olvidado la purificación de sus antiguos pecados. Por lo cual, hermanos, tanto más procurad hacer firme vuestra vocación y elección; porque haciendo estas cosas no caeréis jamás".*
>
> 2 Pedro 1:5-10

Note que la matemática de Pedro no era más obras o más doctrina, sino que eran cualidades de carácter. Si usted se ha encontrado levantándose después de haber sufrido un fracaso, anímese. Dios es fiel, y está comprometido con nuestro éxito. Así es que vamos a examinar ocho obstáculos en la vida y cómo evitarlos. Los siguientes capítulos pueden hacer que su fe llegue a estar en armonía con su carácter, a medida que usted permita que Dios le ilumine acerca de por qué el fracaso ha sido parte de la receta de su desarrollo.

Es mi oración y mi deseo que usted encuentre en las siguientes páginas la clave que pueda llevarlo al siguiente nivel.

1

Una visión indefinida

1

UNA VISIÓN INDEFINIDA

Algunos líderes con un cierto grado de visión no han podido articular esa visión y, consecuentemente, no pueden llevar a otros a donde desean ir, y mucho menos a donde necesitan ir.

En este capítulo examinaremos la importancia de conocer su propósito. La mayoría de los lectores seguramente tomarán una postura defensiva y declararán con certeza la seguridad de comprender su propósito.

Pero vamos a ser sinceros con nosotros mismos; ¿estamos realmente seguros?

El propósito y la visión son dos gemelos inseparables que no pueden sobrevivir por sí solos. Tener visión es comenzar con el final en la mira. Cuando le preguntaron a Helen Keller si pudiera haber algo peor que haber nacido ciega, ella sabiamente respondió, «Haber nacido con la vista y no ver».

Hay una gran oportunidad para nosotros hoy en día de tener un entendimiento muy amplio de la vida. Con los medios de comunicación, la educación, la facilidad de viajar, la tecnología, etc., lograr nuestro máximo potencial está al alcance de nosotros. El problema con el que muchas personas se encuentran es el de no poder descubrir, comprender o implementar su propósito en la vida. ¿Hacia dónde se dirige usted? ¿Cómo va a llegar allá? ¿Cuándo comenzará? ¿Cuál es el proceso que seguirá? Todas estas preguntas tienen que ser contestadas si esperamos alcanzar nuestro propósito en la vida. La vida y la existencia son dos dinámicas totalmente diferentes. Los logros en la vida solamente pueden comenzar cuando definimos nuestra visión y conocemos nuestro propósito.

La visión es la revelación de la voluntad de Dios para nuestras vidas. Proverbios 29:18 NVI dice, "Donde no hay visión, el pueblo se extravía..." Una traducción dice que sin la revelación de la voluntad de Dios para nuestra vida, nos movemos «sin dirección». Otra traducción dice que "el pueblo se desenfrena".

Esta Escritura me trae a la mente una imagen de mi niñez. Pasé mis primeros años en una zona rural del sur de los Estados Unidos (lo que llamamos «el campo»), donde se forjaron muchas tradiciones en mi vida. Una de esas tradiciones era nuestra comida del domingo, pollo frito con todo lo demás que iba con ello. Muchas veces esta comida era el desayuno del domingo. El punto culminante para mí era «ayudar» a mi abuela a capturar y matar la carne para nuestro desayuno. Una vez que la víctima era identificada y acorralada, mi abuela tomaba la víctima en la mano y le torcía el pescuezo a toda velocidad hasta que sentía que era hora de cortarle la cabeza. Mientras el pollo sin cabeza caía al suelo, comenzaba a mover sus alas, a tambalearse y aún a correr.

Esta era la parte más emocionante para mi hermano, para mis primos y para mí. Tratábamos de adivinar en que dirección iba a correr el pollo sin cabeza, imaginándonos que si venía hacia nosotros nos estaba «persiguiendo». ¡Qué divertido! Pero qué tristemente esto se asemeja a una persona sin una visión definida. Ellos se tambalean, corren. Mueven sus ambiciosas alas, pero sin resultado. ¿Por qué? Por no tener dirección o definición de propósito. El problema del pollo no era la falta de vida o función (al menos por la corta duración en que le fluía la sangre), sino la falta de una cabeza y de poder responder a esa cabeza.

Sus sueños, sus ambiciones, sus intereses... su perspectiva. Todos esos son el comienzo de una visión. Debemos analizar nuestros sueños y someterlos a Dios para su santificación. Proverbios 16:9 dice, "El corazón del hombre piensa su camino; mas Jehová endereza sus pasos". En otras palabras, ponemos todos nuestros planes, sueños y ambiciones en una canasta y se los ofrecemos a Dios. Él los clasifica, los organiza, y después nos entrega una vida en orden; una vida con propósito, con visión.

Si no le hemos entregado nada a Él, es muy difícil que prosperemos en cualquier área de nuestra vida. Todos nosotros deseamos «provisión». Sin embargo, la misma palabra «provisión» cuando se divide en sus dos componentes «pro» y «visión», claramente significa «a favor de la visión». Si no hay visión, no habrá provisión. Aún los empresarios encuentran que el enfoque es uno de los ingredientes principales de su éxito.

Cuando era un jovencito, yo experimenté las labores de la agricultura de arar, sembrar y cultivar. Todavía se araba con un equipo de caballos (o en nuestro caso, mulas) utilizando un arado con una estructura de madera. Mi padre me ayudaba al comenzar poniendo un «poste» o identificando el tronco de un árbol al otro lado del campo que se iba a arar y entonces me decía que mantuviera mi mirada en ese poste y me dirigiera directamente hacia él si quería un surco derecho. Como un jovencito normalmente hace, uno desea evaluar como va progresando. Así que como a la mitad del campo yo me volteaba para ver que tan bien iba. Lucía muy bien. Continuaba satisfecho por un buen comienzo. Mientras continuaba arando, decidí mirar hacia atrás de nuevo para ver como iba. ¡Ya probablemente lo ha adivinado! Ciertamente cuando veía a lo largo del surco que había acabado de arar, era evidente que donde yo me había volteado a medio camino

Una visión indefinida

para asesorar mi habilidad para arar, había un marcado ángulo en el surco. ¿Cómo pudo haber pasado eso? Yo lo estaba haciendo tan bien.

En Lucas 9:62, Jesús dice concisamente, "Ninguno que poniendo su mano en el arado mira hacia atrás, es apto para el reino de Dios". La visión no es un destino final, es una trayectoria. Debemos «proseguir a la meta».

Pablo dijo en Hechos 26:19, "...no fui rebelde a la visión celestial". Hay un propósito divino que Dios ha escogido para revelárnoslo si abrimos nuestro corazón a Él. Aún en el Padre Nuestro, Jesús nos dijo que oráramos, "Hágase tu voluntad, como en el cielo, así también en la tierra" (Mt 6:10). Jesús también dijo que cualquier cosa que atáremos en la tierra sería atada en el cielo, pero que cualquier cosa que desatáremos en la tierra sería desatada en el cielo (ver Mt 16:19). Para liberar el propósito divino, tenemos que alinearnos con ese propósito y entonces activarlo en la tierra. El cielo no violará nuestra voluntad. Podemos limitar la voluntad de Dios si tenemos un concepto de nuestro propósito basado en la información o en la condición presente. Necesitamos movernos más allá de nosotros mismos si vamos a experimentar el potencial máximo de nuestro propósito. El propósito de la vida es vivir la vida con un propósito.

Demasiados líderes tienen una mentalidad en «posición neutral»; no hay crecimiento porque no hay visión. Algunos líderes con un cierto grado de visión no han podido articular esa visión y consecuentemente no pueden llevar a otros a donde desean ir, y mucho menos, a donde necesitan ir.

Para clarificar nuestra visión necesitamos seguir un proceso sencillo que toma cinco pasos principales:

1) Debemos orar por dirección divina. El Señor no está desconcertado acerca de nuestro propósito. En Jeremías 29:11, Él nos hace saber que Él conoce los planes que tiene para nosotros. Planes de paz y prosperidad, no de daño y fracaso. Estoy convencido que Él no retendrá nada bueno de nosotros. Por lo tanto, es bueno y es mi privilegio tener conocimiento de su voluntad para mi vida.

2) Debemos poner por escrito esa visión. El profeta Habacuc nos dijo, "Escribe la visión, y declárala en tablas" (Habacuc 2:1-3). Escríbela en carteleras donde otros la puedan leer y seguir adelante con ella. Cualquier líder de éxito ha comunicado su visión a sus seguidores de una manera efectiva. Si usted no puede escribir su visión en menos de cinco frases concisas, lo más probable es que esa visión no esté lo suficientemente bien definida en su propia mente, y mucho menos en las mentes de aquellos que usted pretende que lo sigan. El escribir la visión nos ayuda a visualizar la percepción que otros puedan tener de ella.

Es muy importante declarar esa visión con tal claridad que traigamos a otras personas a compartir nuestra manera de pensar. El apóstol Pablo nos hace saber que necesitamos tener la mente de Cristo si vamos a hacer su obra. Jesús expresó su visión con mucha claridad. Quizá eso contribuyó a que tuviera un grupo consistente y fuerte de seguidores cuando Él inició su ministerio.

Cuando escribimos nuestra visión, eso nos ayuda a clarificar nuestro propósito; hace que otros se envuelvan; mide nuestro progreso; y nos hace saber cuando hemos llegado a nuestro destino planeado.

Una visión indefinida

3) Debemos creer que eso es lo que debemos hacer. Si no estamos totalmente convencidos de que ese es nuestro mandato, tendremos la tendencia de hacer las cosas «a medias» o haremos un trabajo mediocre. La palabra «mediocre» viene de dos palabras del latín «medio» y «ocris». El significado es «a medio camino de subir una colina pedregosa». Todos hemos sido culpables de permitir que otros establezcan la norma para nuestros logros. Si estamos seguros de que lo que estamos haciendo es lo que debemos hacer, entonces, ¿por qué hacerlo a medias? «Si vale la pena hacerlo, vale la pena hacerlo bien.» Estoy convencido que si no tengo pasión por hacer lo que estoy tratando de hacer, solamente estaré «tratando» y no alcanzándolo. Si no hay pasión, no hay continuidad.

Para tener éxito, nos debemos sentir entusiasmados sobre lo que estamos haciendo. Pablo nos dice en Filipenses 1:6 *NVI*: "Estoy convencido de esto: el que comenzó tan buena obra en ustedes la irá perfeccionando hasta el día de Cristo Jesús". ¿Está usted totalmente persuadido de que lo que está haciendo es lo que debe hacer, o lo está haciendo solamente esperando a que venga algo mejor? Cuando aprendemos a ser excelentes en lo que hacemos, avanzaremos a ser el primero. Lo que usted hace en este momento lo pondrá en la posición adecuada para el próximo momento.

Aunque la mayoría de los cristianos tienen una orientación hacia creer, somos más lo que hacemos que lo que creemos. Hay un «ciclo de creer» que tiende a ser muy exacto en cada una de sus tres fases. La primera fase es **creencia**. Lo que creemos produce un cierto **comportamiento** (fase 2), lo cual trae **resultados** (fase 3) que afirman nuestra **creencia** (fase 1.) Vea el diagrama.

¿Ha usted dicho alguna vez, «Yo sabía que eso era lo que iba a pasar?»

Nuestro sistema de creencias está influenciado por varios factores. Sin lugar a dudas, las tendencias heredadas nos llevan a aceptar ciertas creencias. Naturalmente, nuestro medio ambiente contribuye a las creencias que desarrollamos. El conocimiento refuerza ciertos conceptos. La mayoría de nuestras **creencias** están basadas en lo que escuchamos de las personas a nuestro alrededor. Esto comienza desde nuestro nacimiento. Comentarios sencillos hechos a un niño, ya bien sean en broma o expresando una realidad, causan que el niño forme conclusiones acerca de la vida y de sí mismo. Usted puede decirle a un niño continuamente que él es un fracaso, y comenzará a creerlo.

Su creencia acerca de sí mismo producirá un **comportamiento** mediocre y no tratará de ser diligente, sencillamente porque está convencido que no puede alcanzar mucho.

Consecuentemente, con un comportamiento que es menos de lo deseado, los **resultados** no serán aceptables. Con resultados inferiores, la creencia de que no es capaz se refuerza, y él solamente dirá, «Yo sabía que no podía hacerlo, yo sabía que soy un fracaso.»

Cuando nuestras **creencias** están basadas en principios bíblicos y en pensar positivamente, siempre estimularán pautas de **comportamiento** que traerán **resultados** que

Una visión indefinida

merecen la pena. Nuestra creencia se fortalece cuando hay una afirmación positiva. Si usted le dice a un niño que es un buen niño, que está destinado al éxito, él le hará sentirse orgulloso como padre; sin lugar a dudas, su **comportamiento** al menos mostrará esfuerzo de acuerdo a su habilidad. Cuando una tarea se completa con buenos **resultados**, esto probablemente elevará su autoestima.

Cuando yo trabajé como Director de una escuela primaria, era mi responsabilidad tomar acciones disciplinarias con estudiantes que se habían portado mal, ... no era una de mis tareas favoritas. Cuando los maestros enviaban a un estudiante a mi oficina como resultado de su mal comportamiento, yo administraba la disciplina necesaria. Comencé a darme cuenta que el concepto de los estudiantes acerca de mí era el del «disciplinador» que llevaba dolor a sus vidas. Como consecuencia, los estudiantes trataban de evitarme.

Cuando yo pasaba a través del campo de juego, notaba que ocasionalmente los estudiantes que yo había disciplinado corrían en dirección opuesta. Comencé a orar, pidiéndole a Dios que me diera una estrategia que funcionara para cambiar el concepto que los estudiantes tenían de mí. La estrategia que Él me dio fue muy efectiva. También fue muy sencilla.

Les indiqué a mis maestros que incluyeran una lista de por lo menos tres atributos positivos o logros del estudiante que necesitaba una acción disciplinaria. Yo revisaba esos atributos antes de que llegara el estudiante a mi oficina. Mientras conversaba con el estudiante, lo elogiaba por las cosas positivas que sabía sobre él.

Entonces le informaba que la clase de comportamiento que él había manifestado no era aceptable y requería un castigo. Le hacía saber al estudiante que esa clase de comportamiento no iba de acuerdo con un estudiante de su carácter. Su respuesta era, casi sin excepción, una petición de perdón inmediata y el reconocimiento de su culpa en la infracción.

Después de administrar la acción disciplinaria me aseguraba que él entendía que yo no consideraba que era un niño malo, pero que el comportamiento que había mostrado no era aceptable. Entonces se le daba al estudiante la oportunidad de afirmar que comprendía las consecuencias que su comportamiento había causado. Inmediatamente noté un cambio considerable en el comportamiento de esos estudiantes, al igual que un nuevo paradigma en su forma de pensar sobre lo que yo representaba en sus vidas. Ya yo no era el monstruo que les traía dolor, sino el director que deseaba lo mejor para ellos.

Proverbios 23:7 dice, "Porque cual es su pensamiento en su corazón, tal es él".

4) Debemos tener un plan. La razón por la cual muchos no tienen éxito es porque no tienen un plan. ¿Por qué no hacemos un plan? Hay quizá dos razones principales. Una es que tememos fracasar. La otra excusa es que no queremos tomar libertades con el Espíritu Santo. Sin embargo, no pienso que hay mucho peligro en eso si Él realmente mora en nosotros.

La Biblia dice que "el corazón del hombre piensa su camino; mas Jehová endereza sus pasos" (Pr 16:9). Debemos poner todos los elementos de nuestra estrategia en una canasta espiritual y enviárselos a Dios. Él entonces nos los regresa en el orden divino que garantizará la victoria en nuestra vida y en nuestro ministerio. El temor al fracaso se tiene que atacar directamente. En un capítulo posterior cubriremos este punto extensamente.

Una visión indefinida

Planee su trabajo y trabaje su plan. El estudio de Nehemías nos iluminará grandemente sobre como tener un plan efectivo y trabajar ese plan. Nehemías desarrolló una estrategia y después reunió a su alrededor a aquellos que aceptaron su visión y estaban de acuerdo con su plan. Para lograr el apoyo de otros, usted necesita tener un plan. Nehemías analizó la tarea que tenía frente a él, evaluó el costo, y desarrolló su plan. Entonces presentó un plan bien razonado a aquellos que podían contribuir a su éxito.

5) Debemos hacerlo ahora. Muchas veces nos inspiramos y juramos que vamos a cambiar. Pero entonces el gran ladrón del tiempo nos ataca y de nuevo la indecisión gana la batalla. Necesitamos tener la determinación de tomar esa acción inmediatamente. Es mejor haber tratado y fracasar que haber soñado y permanecer pasivos.

> Es mejor haber tratado y fracasar que haber soñado y permanecer pasivos.

Para todos los esfuerzos de éxitos, la clave es comenzar. El caballo tiene que salir rápidamente al comienzo de la carrera. El corredor tiene que salir con precisión o pierde tiempo. El comienzo es, sin lugar a dudas, la parte más crítica de la carrera. ¿Qué tan a menudo una persona toma la decisión de comenzar algo nuevo... mañana? ¿Una dieta...? ¿Hacer ejercicio...? ¿Eliminar un mal hábito...? ¿Comenzar uno nuevo...? Digamos, ¡orar!..., o quizá ¡leer la Biblia todos los días! No puedo enfatizar más la importancia de «hacerlo ahora».

Como resumen de este capítulo, permítame recordarle que una visión diseñada divinamente, bien escrita, bien definida, y expresada claramente, es indispensable en su búsqueda del éxito. Usted nunca será un líder si no es un visionario. Usted no puede ser un visionario si no puede definir su visión. Usted pudiera tener una visión, pero si no está clara, es difícil implementarla. ¡Defina su visión!

Reflexión:

- ¿Ha puesto por escrito su visión?

- ¿Está claramente definida? ¿La puede articular en cinco oraciones o menos?

- ¿Se mantiene usted en el rumbo correcto?

Tome un momento para examinar la declaración de su visión.

Oración

Señor, tú me diseñaste con manos de artesano experto. Yo soy único. Así es que debo tener un propósito específico. Revélame el propósito que tú tienes para mi vida. Ayúdame a caminar de acuerdo a esa visión. Señor, yo seré obediente a la visión celestial. No me permitas, Señor, desviarme de la dirección que me has puesto. Te entrego todos mis planes. Gracias por dirigir mi camino. En el nombre de Jesús. Amén.

2
Conflictos no resueltos y heridas no sanadas

2

Conflictos no resueltos y heridas no sanadas

Para resolver conflictos y sanar heridas no se requiere determinar quien es el culpable, sino una buena disposición para perdonar.

E l mudarse a otra ciudad no resuelve los conflictos interpersonales. Muy a menudo se interrumpe una carrera profesional porque hay conflictos en el trabajo que no han sido resueltos. Muchos asumen que la forma más fácil de salida es «cambiar de lugar». De esa forma usted no tiene que ver a la persona con quien ha tenido un conflicto, ni se tiene que defender ante otros que han conocido de la situación y que reconocen que usted era al menos parcialmente culpable. Pero, ¡espérese un momento! El conflicto no es un objeto tangible que se puede echar en un basurero. El conflicto es un estado de ser. Es una batalla de opiniones y de voluntad en la mente y en la conciencia.

Como pastor, he visto que las divisiones en las iglesias y los pastores que renuncian son en muchas ocasiones el resultado de conflictos que, en su mayor parte, nunca se trataron de resolver. Más bien, las personas involucradas simplemente se fueron en direcciones opuestas y se llevaron los conflictos con ellos. Este es un semillero de amargura y de relaciones rotas. Esta forma segura de fracasar en la vida ocurre tanto en el trabajo como en el matrimonio y en las relaciones en la iglesia. Muchas rupturas de relaciones se pudieran evitar si los conflictos y las heridas fueran tratados más rápidamente.

Una herida que no ha sanado apropiadamente puede afectar todo nuestro ser. Un dedo del pie fracturado puede afectar a todo nuestro sistema óseo. Las heridas no sanadas pueden envenenar a nuestro cuerpo y debilitarnos hasta hacernos como inválidos. El gran salmista David nos reveló, con una transparencia que nos haría bien copiar, que él había perdido su apetito debido a su corazón «adolorido». Uno no come bien cuando está herido. Salmo 102:1-4 nos indica la aflicción de David, vertiendo su corazón a Dios al orar esta oración:

"Jehová, escucha mi oración, y llegue a ti mi clamor. No escondas de mí tu rostro en el día de mi angustia; inclina a mí tu oído; apresúrate a

responderme el día que te invocare. Porque mis días se han consumido como humo, y mis huesos cual tizón están quemados. Mi corazón está herido, y seco como la hierba, por lo cual me olvido de comer mi pan".

Estoy convencido de que muchos trastornos alimenticios son un resultado directo de *conflictos no resueltos*. Ya bien sea la obesidad o la anorexia, los conflictos no resueltos pueden afectar a aquellos que tienen condiciones físicas o emocionales que son debilitantes, afectando incluso su autoestima y su bienestar. Desde luego, esta situación también nos afecta espiritualmente. David dijo que se olvidó de comer su pan debido a su pesadumbre por un corazón adolorido. Comprendemos que las personas reaccionan a sus sentimientos de diferentes maneras. Así es que no comer o comer demasiado proviene básicamente de la misma inseguridad y de conflictos no resueltos.

> Mi corazón está herido, y seco como la hierba, por lo cual me olvido de comer mi pan.

Efesios 4:26 nos advierte que «no se ponga el sol sobre vuestro enojo». Mi traducción de este versículo es simplemente, «no cierre el capítulo de las experiencias de la vida que ha tenido hoy si hay algún conflicto que no ha sido resuelto.» Uno de los puntos claves en nuestro matrimonio ha sido el no acostarnos hasta resolver los conflictos de ese día. Algunas veces era de madrugada antes de acostarnos, pero al amanecer podíamos comenzar el día libre de conflictos.

El problema con los conflictos no resueltos o las heridas no sanadas es que tienden a aumentar a medida que pasa el tiempo. Son como imanes que atraen a partículas similares. Después de un poco de tiempo, lo que era un conflicto o un desacuerdo de menor importancia de pronto se vuelve una acumulación compleja de, en muchos casos, fricciones no relacionadas.

Una manera segura de fracasar es cargar con el equipaje de todas estas heridas y conflictos.

Hace varios años, un compañero pastor sintió que era su responsabilidad asegurarse que todo el mundo supiera de todos los errores o fracasos que yo había tenido en mi ministerio, quizá para establecer su posición ante aquellos que habían sido muy leales a mi liderazgo, ya que ahora él estaba en una posición de liderazgo sobre aquellos que eran mis discípulos. Desde luego, yo había cometido algunos errores en mi liderazgo que necesitaban un cambio y un tiempo de reenfoque y de sanidad. Pero, mientras que él trataba de destruir mi reputación «suponiendo ciertas cosas» y «exagerando» la realidad, yo estaba furioso, dolido, avergonzado, y humillado.

Algunos de mis amigos me alentaron a que pusiera una demanda legal en su contra por calumnia y difamación de carácter. No piense que no lo consideré. Pero entonces me puse a reflexionar que mucho de lo que había sucedido era mi culpa, y que mis problemas eran con Dios, y no con los hombres. Dios me recordó de su postura acerca de la venganza. Aquello que había sido hecho para mal, Dios lo usó para desarrollar una obra más grande en mi vida. Yo había sido perdonado mucho, y ahora yo tenía que ser uno que perdona. Estaba geográficamente muy distante de este hermano, así que sencillamente fui a mi patio una noche y me volteé en dirección a donde este hermano vivía. Levantando mis manos, no sólo hacia el cielo, sino también en dirección a donde él vivía, dije en voz alta, «Hermano, yo te perdono». Y lo dije verdaderamente de corazón. Una carga fue removida de mi espíritu, y pude «seguir adelante con mi vida».

Para resolver conflictos y sanar heridas no se requiere determinar quien es el culpable, sino una buena disposición para perdonar. Muchas veces, la persona que ha cometido la ofensa no se ha dado cuenta de que «nos sentimos ofendidos» por sus palabras o sus hechos. No debemos esperar a que el ofensor tome la iniciativa. Pero antes de confrontarlo, asegurémonos de que estamos listos. Asegurémonos de haber resuelto resentimientos, ira, condenación, justificación, o una actitud defensiva de nuestra parte. Debemos orar y lidiar con nuestro ser interior para que haya pureza en nuestro motivo y sinceridad en nuestras palabras.

> **Para resolver conflictos y sanar heridas no se requiere determinar quien es el culpable, sino una buena disposición para perdonar.**

Entre cristianos, y especialmente en el ministerio, hay una gran propensión a ser demasiado sensibles. A menudo nuestros sentimientos están muy a la vista de todos. Generalmente ponemos gran importancia en lo que la gente piensa, siente, o dice de nosotros. Sentimos que tenemos un mandato de agradar a todos. Desde luego, eso nos hace vulnerables a conflictos. Al esforzarnos en «agradar a la gente», sin lugar a dudas vamos a ofender a algunos. Como el dicho afirma, «Usted puede agradar a toda la gente parte del tiempo, o puede agradar a parte de la gente todo el tiempo, pero no puede agradar a toda la gente todo el tiempo».

> El esconder nuestras heridas inhibe nuestro éxito.

Se siente muy bien comenzar el día sabiendo que usted está en paz con todo el mundo. Dios le hará saber si usted trata de no encontrarse con una persona para evitar una confrontación. Proverbios 16:7 dice, "Cuando los caminos del hombre son agradables a Jehová, aún sus enemigos hace estar en paz con él". ¡Qué gran promesa! ¡Qué buena forma de vivir!

Hay personas adoloridas a nuestro alrededor. El dolor está disfrazado en la apariencia de arrogancia, confianza en sí mismo, autosuficiencia, y un sin número de otras máscaras para evadir la realidad.

Para resolver nuestros conflictos y sanar nuestras heridas, debemos ser transparentes y vulnerables. Debemos permitir que otras personas formen parte de nuestra vida. El esconder nuestras heridas inhibe nuestro éxito. Las heridas causarán que evitemos tomar riesgos. Las heridas causarán que estemos poco dispuestos a desarrollar relaciones. O bien nos escondemos dentro de una concha, o nos ponemos una máscara de invencibles.

Una diferencia significativa entre las heridas y el conflicto es que los conflictos no resueltos normalmente son el resultado de obstinación y de no querer perdonar. Permítame explicarlo.

Un conflicto es sencillamente una diferencia de opinión hasta el punto de forzarnos a tomar una postura de defensa inflexible. En otras palabras, el síndrome de «yo estoy en lo correcto; él está equivocado». La resolución del conflicto generalmente requiere la participación de una tercera persona. Todos tenemos la tendencia a «pensar que estamos en lo correcto». Uno de los retos más grandes de la humanidad es admitir estar errado. ¿Recuerda el Jardín del Edén?

Nuestra perspectiva acerca de la vida es influenciada por nuestras emociones y nuestro bienestar personal. Vemos las cosas desde el punto de vista de defender nuestro bienestar. He escuchado a mi pastor Mike Hayes decir muchas veces, «Para un martillo, todo parece ser un clavo».

Los conflictos solamente se pueden resolver cuando vamos más allá de los deseos egoístas y afrontamos el conflicto desde un punto de vista imparcial y objetivo. Esto es muy difícil de alcanzar porque somos guiados por nuestros sentimientos y protegemos nuestra autoestima. La participación de una tercera persona cubre la necesidad de tener un árbitro.

No se aparte de un conflicto. El apartarse solamente funciona antes de que ocurra el conflicto. Así es que cuando ocurre un conflicto, hay que resolverlo. Necesitamos la intervención del Espíritu Santo. Sin lugar a dudas, muchos están capacitados para aconsejar, guiar, y servir de árbitro para llevarnos a resolver nuestros conflictos. Sin embargo, siempre existe la posibilidad de llegar a una conclusión incorrecta a causa de información errónea o de falta de información. Muchas veces, he tomado decisiones en consejería que más tarde me di cuenta de que estaban incorrectas y causaron que diera una mala orientación a mi cliente o persona que estaba siendo aconsejada.

El Espíritu Santo no es deficiente. Él tiene toda la información. Él «conoce el fin desde el principio». Usted no puede ocultar los detalles de su vida del Espíritu Santo.

Un juez muy conocido del Antiguo Testamento llamado Salomón, pronunció un fallo muy sabio acerca de dos prostitutas (vea 1 Reyes 3:16-28). Examinemos la historia.

Estas dos mujeres fueron al sabio Salomón debido a una disputa sobre la identidad de un recién nacido. Una de las mujeres relató una historia de cómo estaban viviendo ambas en la misma casa y habían dado a luz un niño en un período de tres días la una de la otra. Sin embargo, aparentemente una de las madres se había volteado sobre su hijo durante la noche y lo había sofocado. Cuando se dio cuenta que su hijo había muerto, se levantó a media noche y cambió a los dos niños, poniendo al niño muerto en el pecho de la mujer con el niño vivo. La madre del niño vivo se despertó para amamantar a su hijo, y descubrió que el niño a su lado estaba muerto. Al examinarlo se dio cuenta que este no era su hijo. Entonces surgió la discusión. Ambas aseguraban ser la madre del niño vivo.

Cuando apelaron al rey Salomón para que resolviera su conflicto, él utilizó un método extraño, pero muy sabio, para resolver conflictos. Le pidió a su siervo que le trajera una espada. Entonces le ordenó a uno de sus siervos que dividiera al niño vivo en dos, y que le diera una mitad a una y la otra mitad a la otra.

Usted probablemente conoce el resultado. La madre amorosa del niño vivo le pidió al rey que le diera el niño a la otra mujer para así salvar su vida. Esta es la respuesta que busca un resultado positivo. Viene de un corazón de misericordia y amor. Desde luego, la mujer engañosa tenía la postura de dividir al niño y que no fuera de ninguna de ellas.

El fallo del rey muestra una gran sabiduría. También observamos la postura de la mujer que había robado el niño. Cuando el conflicto fue llevado a juicio, ella quería igualdad en lugar de justicia. En muchas ocasiones abandonamos nuestra postura solamente si la otra persona también va a ser penalizada. La venganza pertenece al Señor. Desdichadamente, confundimos la venganza con la resolución.

Tengo la tendencia a querer «agradar a la gente». Como resultado de esa característica de mi personalidad, nunca deseo tener conflictos. Algunas veces me niego a reconocer que existe un problema. Caigo en la trampa de incluso permitir que otros me pasen por encima para evitar un conflicto. Sin embargo, esto solamente prolonga y complica el problema. ¡No va a desaparecer! Tiene que resolverse.

Como consecuencia de ignorar el proceso de sanar las heridas y resolver los conflictos, se va a crear una infección. Entonces comenzamos a eludir a la gente; a voltear para otra parte; a ser hipócritas cuando nos encontramos a esa persona; o tomamos la postura de que «el tiempo todo lo sana». Yo estoy en desacuerdo con la idea de que el tiempo todo lo sana. Solamente lo fija en el lugar donde se desarrolla la amargura.

La amargura es como una raíz. Extrae su alimento de otras fuentes. Se envuelve alrededor de las fibras de nuestro ser. Cuando se permite que crezca la amargura, se convierte en enojo. El enojo es la primera manifestación de la amargura arraigada. El enojo es la emoción que estimula la mente a tener pensamientos que no son sanos. Cuando esta emoción se absorbe en la mente, se manifiesta la ira.

La ira se puede ver en el semblante. La ira exige una expresión. La ira buscará vengarse. La ira buscará justificar los sentimientos.

Esto lleva a la siguiente fase de expresión, que es gritería o riña en voz alta. Es la forma bulliciosa e insultante de hablar. Parece que ciertas personas están siempre enojadas por la forma en que hablan aún en condiciones normales. Esto debe ser una indicación de que quizá hay algunos conflictos sin resolver en sus vidas.

Las personas pueden cargar heridas por años. Sin embargo, nunca tendrán éxito. Sus relaciones interpersonales serán frágiles. Probablemente serán inestables en sus hábitos de trabajo. Sin duda su vida espiritual será como una montaña rusa.

Después de hablar de una manera fuerte y bulliciosa, el siguiente nivel de manifestación que provocan los conflictos sin resolver y las heridas no sanadas es la maledicencia. Es fácil apuntar con el dedo. Es fácil encontrar algo de que criticar. En realidad, hablar con maledicencia de una persona es declarar una maldición sobre esa persona. Liberamos una actividad demoníaca cuando hablamos con maledicencia o declaramos maldiciones sobre una persona. Esta es una manifestación peligrosa. Hará más daño a la persona diciendo la maldición que a la persona a la cual va dirigida. Mi suegro me dijo que el que tira el lodo es el más enlodado.

Cuando usted habla con maledicencia, tiene que extraer esa maldición de una fuente que es maldita. Esto sencillamente significa que usted se ha expuesto a un espíritu que no es de Dios, y no prosperará. Una vez que se ha expresado esta manifestación, la malicia está esperando en línea para hacer su entrada. La malicia es el daño intencional que una persona le inflige a otra. Es evidente. Ha dejado la mente y ha encontrado una expresión externa. Cuando esto ocurre, podemos describir esta manifestación como violencia.

Los comentarios anteriores están basados en la carta de Pablo a los Efesios 4:31, "Quítense de vosotros toda amargura, enojo, ira, gritería y maledicencia, y toda malicia".

El versículo 30 de este capítulo nos exhorta a no contristar al Espíritu Santo de Dios. Así es que somos exhortados a quitar de nosotros toda amargura, enojo, ira, gritería y maledicencia, y malicia. Entonces necesitamos seguir las instrucciones del versículo 32, "Antes sed benignos unos con otros, misericordiosos, perdonándoos unos a otros, como Dios también os perdonó a vosotros en Cristo".

Note que la postura que debemos tomar es de ser benignos...; ser misericordiosos...; perdonándonos los unos a los otros. Haga lo que Dios hizo por usted a través de Jesucristo.

Reflexión

Sea sincero con usted mismo.

- ¿Está usted aferrándose a una herida de su pasado?

- ¿Qué puede usted hacer para sanar esa herida?

- ¿Está usted dispuesto a perdonar?

- ¿Está usted dispuesto a declarar una bendición sobre aquellos que lo han ofendido?

Quizá usted necesite hacer hoy una llamada, escribir una carta o un correo electrónico, o visitar a alguien.

Oración

Padre, gracias por el perdón en mi vida. Gracias por darme otra oportunidad. Te pido que me perdones por las cosas que he estado cargando sin necesidad. Te pido que bendigas a aquellos que me han herido. Bendice a los que me han causado frustración, heridas, vergüenza, y aflicción. Yo los perdono. Yo los libero. No hablaré más de las heridas que recibí de ellos. Hablaré bendiciones. Señor, ayúdame a corregir y reparar aquellas cosas que están a mi alcance. Te ruego que me cubras con tu misericordia y tu gracia por las cosas que no puedo reparar. Gracias Señor por contestar mi ruego. En el nombre de Jesús, amén.

3

Mal manejo del tiempo y prioridades fuera de lugar

3

Mal manejo del tiempo y prioridades fuera de lugar

La administración del tiempo es de suma importancia para lograr un balance adecuado entre la familia y las obligaciones del trabajo.

«¡Tengo mil cosas que hacer hoy!» ¿Se le hace familiar? Esta frase es indicativa de un síntoma, un síntoma de un mal manejo del tiempo. Obviamente, no hicimos las cosas bien ayer si se han acumulado mil cosas que hacer. Desde luego, sabemos que esto es un «dicho» y un poco exagerado. Sin embargo, hay algunas personas que siempre están haciendo grandes esfuerzos para lograr hacer lo que tienen que hacer. Otra manera segura de fracasar es ser malos administradores del tiempo.

En este capítulo, yo quería apagar la pantalla de mi computadora porque parecía que era como un espejo. Pero la sabiduría me dice que debo enfrentarme a mis problemas y aceptarlos con madurez. Yo me puedo identificar con Pablo cuando dice, "No que lo haya alcanzado ya, ni que ya sea perfecto; sino que prosigo..." (Filipenses 3:12).

Antes de comenzar este capítulo, recuerde que las personas más exitosas del mundo tienen las mismas 24 horas al día que usted y yo tenemos. ¿Cómo lo hicieron? Disciplina. Siempre hay algo más interesante, más divertido, menos exigente, o más fácil de hacer que lo que debemos estar haciendo. Generalmente esto es cierto. Sin embargo, cuando administramos bien nuestro tiempo, y hacemos lo que debemos hacer, entonces hacer lo que queremos hacer siempre es más gratificante.

El mal manejo del tiempo se puede definir como oportunidades perdidas. ¡El administrar el tiempo puede tomar tiempo! Pero es como el principio de diezmar. El noventa por ciento será mucho más efectivo si se da el diez por ciento primero.

Es importante permitir que Dios sea el Señor de nuestros comienzos al igual que de cuando nos detenemos. Hay momentos en que tenemos que tomar pausas. Setenta y una veces encontramos en los Salmos la expresión *selah*. Esta expresión es una pausa para un tiempo de reflexión. Nuestras pausas pueden ser tan productivas como nuestra actividad de mayor energía, si están apropiadamente balanceadas y colocadas. Jesús vio la importancia de llamar a un lado a sus discípulos para descansar, aún ante las exigencias de la multitud. Su premisa era que ¡si usted no toma un tiempo de descanso, se va a quemar!

Y conozco las frases de los que trabajan todo el tiempo (o los que se hacen ver como mártires), «Yo prefiero consumirme que marchitarme». No tenemos que hacer lo uno o lo otro. Podemos ser productivos mientras dure nuestro propósito, viviendo la vida a plenitud y pudiendo escuchar «bien hecho» sin tener nada que lamentar.

La clave para administrar bien el tiempo es establecer prioridades. De la forma que yo lo veo, Dios es el primero en nuestras vidas, la familia y la vocación en segundo lugar, y la familia de la iglesia y su llamado en tercer lugar. Estoy muy consciente de que algunos pueden estar en desacuerdo con este orden, pero es lo que funciona para mí, y francamente, creo que la Escritura lo apoya, "Porque si alguno no provee para los suyos, y mayormente para los de su casa, ha negado la fe, y es peor que un incrédulo" (1 Tim 5:8); "Pues el que no sabe gobernar su propia casa, ¿cómo cuidará de la iglesia de Dios?" (1 Tim 3:5). Note que primero es la casa o la familia y posteriormente la iglesia. Usted encontrará que Dios estableció la familia antes de establecer la Iglesia. Un error que mucho del mundo eclesiástico ha cometido es asumir que Dios y la iglesia son sinónimos. La iglesia no es su Dios. Es la institución que magnifica su relación con Dios. Cualquiera que pone su «ministerio» antes que su familia, terminará decepcionado de los resultados, tanto en su ministerio como en su familia. Sería verdaderamente una excepción si ambos fueran de éxitos.

Permítame en las siguientes páginas darle algunos ejemplos del comienzo de nuestro ministerio y nuestra vida familiar. Como un joven pastor, tratando de establecerme y ser reconocido en los círculos ministeriales, yo estaba «totalmente comprometido».

Donna y yo nos fuimos al campo misionero (cuando yo le diga a donde fuimos, quizá usted cuestione la expresión «campo misionero») cuando éramos muy jóvenes. Ella tenía 21 años, y yo era un joven maduro de 23 años de edad. Lo habíamos alcanzado. El sueño de mi vida se había convertido en realidad. Fuimos asignados como misioneros asistentes a las islas del Caribe. Nuestra residencia estaba en Puerto Rico, pero nuestra responsabilidad incluía Haití, la República Dominicana, las Islas Vírgenes Americanas, las Antillas Británicas, y el resto de las Antillas hasta el paralelo 14. Naturalmente, esto requería viajar mucho. Pero era emocionante. Este era mi llamado.

Habíamos ido de la escuela bíblica en el noroeste del Pacífico de Estados Unidos a Detroit, Michigan para hacer nuestro internado antes de ir al «campo misionero». Después de año y medio en Michigan, tomamos el avión para Puerto Rico en respuesta a nuestro llamado.

Comenzamos a toda velocidad. Bueno, «a toda velocidad» era un poco difícil para mi esposa ya que tenía siete meses y medio de embarazo. Caminando como un pato sería una mejor descripción. Sin embargo, cuando nos recibieron en el aeropuerto de Puerto Rico, después de haber volado todo el día, ni pestañeamos cuando nos dijeron que íbamos directamente a una reunión de la iglesia. Así que viajamos por tres horas hacia las montañas en la parte central de la isla para participar en nuestro primer servicio como misioneros. Poco sabíamos que esa experiencia sería la norma que se esperaba de mí por los siguientes cuatro años.

Mal manejo del tiempo y prioridades fuera de lugar

Después de solamente dos semanas en Puerto Rico, nuestro primer hijo, Esteban, decidió llegar prematuramente a nuestra vida de misioneros. Todavía nos estábamos quedando como huéspedes de los misioneros principales, esperando que se desocupara la casa que habíamos comprado. Todavía no habíamos comprado un vehículo; nuestros muebles no habían llegado; y yo no sabía como moverme en San Juan. Sin decirle que solamente sabíamos tres palabras en español, así es que era muy difícil comunicarse. Para colmo, los misioneros principales nunca habían tenido hijos, así es que no fueron de mucha ayuda a la 1:00 a.m. cuando los desperté anunciándoles que parecía que mi esposa estaba lista para tener nuestro bebé. La siguiente hora fue una verdadera aventura, cuyos detalles guardaremos en nuestra memoria. Pero los cuatro (o mejor dicho, los cinco) sobrevivimos ese episodio y comenzamos un nuevo capítulo en la administración del tiempo.

Con supervisores que nunca habían tenido que ajustarse a niños, no podían comprender las demandas naturales de tiempo que un recién nacido haría en sus padres. Pero la «obra» tenía que continuar. Al menos esa era la filosofía que mi horario dictaba. Así que con Esteban, nuestro primer hijo, todavía en el hospital, yo me tuve que ir a las Islas Vírgenes a comenzar una nueva iglesia. Yo había ido al hospital para ver a mi hijo antes de ir al aeropuerto para mi vuelo a Santa Cruz. Todo parecía estar bien, aunque Esteban había nacido un mes prematuro. Así que suponiendo que todo estaría bien, me fui al aeropuerto; ahora que lo recuerdo, fue un mal manejo de mi tiempo y tener mis prioridades fuera de lugar.

Nuestro contacto en Santa Cruz había invitado a algunas personas a reunirse en su casa. Habían pasado como 20 minutos del servicio cuando la policía llegó a la puerta.

Interrumpieron el servicio preguntando si «Rafael Holland» se encontraba allí. Yo me identifiqué, quizá un poco renuente pensando en lo que podía haber hecho. Después de todo, era la policía. Yo supe enseguida que algo malo debía estar pasando en mi casa. Me informaron que se requería mi presencia en Puerto Rico inmediatamente. Mi niño recién nacido necesitaba una operación de emergencia y requerían mi firma. Fui rápidamente al aeropuerto y logré tomar el próximo vuelo de regreso a Puerto Rico.

Del aeropuerto en San Juan, fui directamente al hospital donde me reuní con mi esposa y con el cirujano. Una enfermera había descubierto que nuestro hijo había nacido sin esófago. Esto significaba que no podía ingerir alimento. Cualquier líquido, incluyendo su saliva, se estaba pasando a sus pulmones, creando una pulmonía química. El procedimiento quirúrgico recomendado se necesitaba para permitirle expulsar su saliva a través de un pequeño orificio en su cuello. Por ser un bebé prematuro, estaba siendo alimentado de forma intravenosa.

Durante la operación, se haría una gastrostomía y sería su fuente de alimentación. Este procedimiento inserta un tubo directamente al estómago desde la pared externa del abdomen. Era a través de ese tubo que toda la alimentación tendría que ser administrada hasta que él tuviera otra cirugía correctiva, que consistiría en una transposición del colon, utilizando una sección del colon transverso como esófago. Esta delicada cirugía solamente se podía hacer después de varios meses para permitir el suficiente crecimiento para que el niño pudiera resistir la operación. La porción del colon que sería transpuesta a la cavidad toráxica crecería con él siempre y cuando la operación fuera exitosa.

Éramos jóvenes, nuevos padres, pastores novicios, y sin

experiencia como misioneros, con una pasión por hacer la voluntad de Dios. ¿Cómo pudiera ser que ahora teníamos el peso de un niño afligido si en realidad estábamos en la voluntad de Dios? Desde luego, hubieron algunos que cuestionaron nuestro llamado e incluso criticaron nuestra decisión de continuar en el campo misionero.

Era obvio que mi supervisor estaba desconcertado y muy preocupado acerca de mi habilidad de mantener las demandas de tiempo que él esperaba de mí para cumplir con «la obra». Desde luego, yo estaba, y aún me considero estar, muy dedicado a mi llamado.

La gratificación más grande de mi vida es satisfacer mi llamado. Pero comprendo perfectamente que mi familia tiene que tomarse en cuenta en ese llamado. Y ahora, casi 30 años más tarde, no tengo duda de la parte importante que toda mi familia ha tenido en el cumplimiento de mi llamado. La administración del tiempo se volvió un asunto de suma importancia para lograr un balance adecuado entre la familia y las obligaciones del trabajo.

Debemos aprender a tener consideración de las prioridades y los valores de otras personas que se ven afectadas en la administración de su tiempo cuando estamos en una relación de trabajo entre supervisores y subordinados. Para ilustrar esto, volveré a mi situación personal. Cuando Esteban tenía casi diez meses de edad, la cirugía correctiva de siete horas se programó para llevarse a cabo en Puerto Rico. Mi esposa y yo fuimos informados de la gravedad de la operación, y desde luego, estábamos preocupados, sabiendo que los médicos nos daban una probabilidad de un cuarenta por ciento de ver a nuestro hijo sobrevivir la operación. Mientras esperábamos en oración, acompañados por nuestros amorosos (y lo digo sinceramente) supervisores, era evidente que mis supervisores estaban preocupados por sólo una cosa: la «obra». Mi supervisor estaba tratando de discutir nuestros planes de viaje en la sala de espera del quirófano, mientras mi esposa y yo estábamos pasando por uno de los momentos más difíciles de nuestra vida.

Un compañero misionero le gustaba jactarse de que había estado en el campo misionero por más de siete años y nunca había tomado un día de descanso. Bueno, yo gustosamente le cedo todos los «derechos de jactarse». El tiempo es muy valioso, aún el tiempo de descanso.

Es importante que el tiempo de descanso, el tiempo con su familia, y el tiempo personal formen una parte inalterable de su horario diario. Gracias a Dios, mis hijos nunca han lamentado que su padre es pastor. Nunca les robé su tiempo de calidad conmigo. Todavía es muy emocionante escuchar a mis hijos acordándose de sus recuerdos más preciados; los tiempos en que viajaron conmigo al campo misionero, aún en condiciones adversas.

Permítame otro ejemplo personal de cómo cubrí las necesidades de mi hijo y al mismo tiempo utilicé mi tiempo productivamente. Cuando Esteban tenía solamente 2 años de edad, Donna lo llevó al aeropuerto a recogerme de uno de mis viajes a una de las islas.

Yo había estado fuera por casi una semana y estaba programado a salir al siguiente día para los servicios de fin de semana en Santa Cruz. Al pasar por la aduana, podía ver, a través del cristal, a mi encantadora esposa con mis dos hijos preciosos mientras ellos esperaban a que yo saliera a través de esas puertas de «Bienvenido a casa». Esteban logró verme cuando otro pasajero salía antes que yo.

Yo estaba emocionado al ver la expresión en su cara, contento de ver a papá. Mientras me apresuraba a pasar por las puertas para abrazar a mi familia, Esteban, que estaba en los brazos de mamá, cambió del niño emocionado y ansioso por ver a papá, a un niño lastimado, rencoroso y sensitivo, volteando su cabeza de mí y rechazándome mientras me acercaba a él, reflejando su propio sentimiento de rechazo. «¡Ya basta! ¡No me voy mañana sin él! Donna, prepárale una maleta, él se va conmigo mañana.»

> El tiempo mal administrado representa oportunidades perdidas.

Así es que el siguiente día, Esteban y yo abordamos el vuelo a Santa Cruz en las Islas Vírgenes donde yo estaba sirviendo como pastor. Hice ese viaje cada fin de semana por poco más de un año mientras yo entrenaba a un sucesor para que fuera pastor de la iglesia (y a propósito, todavía es el pastor después de más de 30 años), pero esta vez, con un niño de dos años de la mano.

Desde ese día en adelante, yo me hice el propósito de que en la administración de mi tiempo, mis hijos estarían muy altos en mi lista de prioridades. No descuide a su familia. El tiempo mal administrado representa oportunidades perdidas.

REFLEXIÓN:

- ¿Cuáles son mis metas a largo y a corto plazo?

- ¿Cómo me ocuparé durante el día?

- ¿Estaré satisfecho al final del día con lo que he logrado?

Oración

Padre, Tu Palabra dice que el tiempo y la oportunidad los tiene todo el mundo. Tú me has dado las mismas 24 horas al día que las que tienen las personas más exitosas. Yo te pido que me guíes mientras hago mis planes. Entrego a Ti este día, e incluso este momento. Que ayer nunca sea una oportunidad perdida. Ayúdame a que este día sea valioso. Amén.

4
Trabajando en contra de su don

4

Trabajando en contra de su don

Debemos aprender a «ser» antes de comenzar a «hacer». Trabajando en contra de nuestro don traerá frustración y fracaso cuando tratamos de ser lo que no somos.

En 1 Crónicas, capítulo 17, David hizo tres de las preguntas más importantes de la vida. Estoy convencido que si podemos contestar estas preguntas adecuadamente, encontraremos la satisfacción de nuestra vida y eso garantizará que seamos fructíferos.

A menudo tratamos de hacer las cosas sin haber descubierto el propósito de Dios para nuestras vidas. David simplemente le preguntó al Señor, «¿quién soy yo, y cuál es mi casa, para que me hayas traído hasta este lugar?»

Para descubrir quienes somos, debemos determinar primeramente quienes no somos. Debemos aprender a «ser» antes de comenzar a «hacer». Trabajando en contra de nuestro don traerá frustración y fracaso cuando tratamos de ser lo que no somos. Determine quién es usted y entonces descubra «su casa». Casa o morada en el contexto de la pregunta de David significa «¿Cuál es mi esfera de influencia?» O, «¿Cuál es mi campo de autoridad y experiencia?»

De acuerdo al apóstol Pablo en Romanos 12, a cada persona le es otorgada "una medida de fe". Esta expresión también es usada como «una medida de regir». La palabra «medida» proviene de la palabra griega *metrón*, que describe los parámetros de nuestra eficiencia. También significa un área de habilidad, una especialidad, un área de bienestar producida genéticamente.

Hay un diseño divino para la vida de cada persona. El propósito de Dios se propaga a través de la línea de sangre. Las maldiciones y las bendiciones se transmiten de una generación a otra. Es importante descubrir el don que es natural por herencia. Cuando trabajamos en contra de nuestro don, estamos luchando por alcanzar lo que debe ser el fluir natural de nuestra personalidad.

Una de las historias más conocidas en el Nuevo Testamento es la del «hijo pródigo» en Lucas 15. Después que el joven había malgastado su herencia viviendo perdidamente, «volvió en sí». Él descubrió algo. Y ese descubrimiento fue que estaba en el lugar equivocado. Practicó las disculpas que

Trabajando en contra de su don

le daría a su padre cuando regresara a su casa. Él sentía que habían cuatro declaraciones específicas que debía hacer:

"Padre, he pecado contra ti"
"He pecado contra el cielo"
"Ya no soy digno de ser llamado tu hijo"
"Hazme como a uno de tus jornaleros"

Para el propósito de este capítulo, nos enfocaremos en dos de esas declaraciones. La primera, "He pecado contra el cielo". Esta declaración significa que él había violado el diseño divino de Dios para su vida. No había orado, «Hágase Tu voluntad, como en el cielo, así también en la tierra.» Pero cuando se descubrió «a sí mismo», se dio cuenta de que donde estaba y lo que estaba haciendo no iban de acuerdo con el plan de Dios para su vida. El pecado contra el cielo es la violación del plan de Dios para nuestra vida.

> **Debemos recordar que no somos lo que podamos pensar que somos, ni lo que otros creen que somos. Somos lo que Dios declara que somos.**

Aunque el hijo pródigo practicó su discurso incluyendo su declaración y petición, "Hazme como a uno de tus jornaleros", esa declaración no solamente no era necesaria, sino que no era correcta. Cuando fue recibido en los brazos abiertos de su padre amoroso se restableció su *identidad por relación*. Él hizo su discurso, pero omitió la última frase. ¿Cómo podía pedir ser menos que lo que él era? Él era un hijo y siempre lo sería. El propósito de Dios para nuestra vida, su relación con nosotros, y nuestro lugar de servicio, no pueden ser alterados.

Debemos recordar que no somos lo que podamos pensar que somos, ni lo que otros creen que somos. Somos lo que Dios declara que somos.

Es de la mayor importancia saber quiénes somos y cuál es nuestro don específico. Creo que es importante notar que Jesús solamente usó la declaración «YO SOY» después que había pasado a través del fuego de las tentaciones y las pruebas. Cuando usted pueda declarar «quién» es, su don encontrará expresión y efectividad.

Demasiadas veces, se observa el fracaso en aquellas personas que han tratado de trabajar en contra de su don. En Efesios, Pablo habla de los dones de la ascensión, o los cinco dones para el ministerio. Muy pocas personas en el ministerio son competentes o aún llamados a los cinco ministerios: apóstol, profeta, evangelista, pastor y maestro. Cuando se trata de funcionar en un área donde hay una ausencia de la gracia y del llamado en ese campo, esto daña al Cuerpo de Cristo.

Nuestros llamados y nuestros dones son de Dios, no del hombre. Muchas denominaciones han forzado a pastores a operar en un estereotipo de ministerio que muchas veces los lleva al fracaso.

Una gran cantidad de líderes se han convertido a un estilo de liderazgo que nos recuerda «una banda de un solo hombre». Hay momentos en el desarrollo de un ministerio cuando uno tiene que «cubrir» ciertas áreas del ministerio por la necesidad del momento. Por ejemplo, Pablo le dijo a Timoteo (un pastor), que hiciera la obra de evangelista. Aparentemente, Timoteo no tenía un don en el área de evangelismo, pero en la fase de desarrollo que estaba experimentando la iglesia, había necesidad de ese ministerio.

Algunas veces necesitamos cubrir funciones temporales, pero uno no se debe sentir «atado» permanentemente en una función que lo llevará a una vida frustrada. Sin lugar a dudas, uno puede ser llamado y tener dones en diversas áreas, pero es importante que no ignoremos la protesta del Espíritu Santo. Romanos 11:29 dice, "Porque irrevocables son los dones y el llamamiento de Dios".

Yo encontré un nivel más alto de gratificación y satisfacción en mi ministerio cuando identifiqué mi llamado. Cuando era más joven, hubiera corrido a tomar la oportunidad de hablar en grandes cruzadas y me imaginaba siendo el próximo evangelista muy reconocido. Pero gracias a Dios, Él no permitió que nadie me invitara durante esos años de inmadurez.

> Cuando usted conoce su llamado, no es arrogancia ni presunción estar disponible para servir en las áreas que usted hace mejor.

Ahora, con un ministerio internacional reconocido, soy invitado muy a menudo a hablar en esas reuniones y es incluso al igual de gratificante decir «gracias por la invitación, pero yo no soy su mejor selección», que si dijera que sí. Después que he rehusado la invitación, yo les sugiero que quizá me pudiera reunir con el liderazgo y enseñar sobre principios de liderazgo durante el día mientras la cruzada se está llevando a cabo. Cuando usted conoce su llamado, no es arrogancia ni presunción estar disponible para servir en las áreas que usted hace mejor.

Las congregaciones de algunas iglesias muchas veces han dejado de crecer cuando los pastores no han reconocido los dones que existen entre los miembros. También se vuelve una situación delicada en una iglesia donde el liderazgo pastoral ha cambiado, pero está bajo presión de perpetuar la estructura del liderazgo anterior, reconociendo a menudo que hay personas sirviendo en la posición equivocada.

Muchas veces algunos voluntarios han impresionado al liderazgo, y para honrarlos, son puestos en la nómina. En la mayoría de los casos esto es contraproducente. En general, un voluntario funciona bien mientras está operando como voluntario, simplemente porque escoge lo que desea hacer y está funcionando en su don. Pero una vez que se vuelven empleados, no sólo son llamados a hacer tareas para las cuales no están dotados, sino que por frustración pierden su espíritu de hacer las cosas voluntariamente.

Otro peligro es tener voluntarios entusiastas que son puestos en el lugar equivocado para complacerlos o para complacer al líder. Algunas veces llenamos vacantes con «buenas» personas para no ofenderlas. La mejor decisión sería ser franco con ellos; enseñarles sobre los dones; guiarlos al lugar donde puedan servir más efectivamente; y desarrollarlos en sus dones. Lo más probable es que usted esté en el lugar equivocado si no disfruta lo que está haciendo.

Este principio es aplicable y debe ser aplicado de una forma práctica en nuestra vida diaria. En la administración del hogar, es importante que las parejas reconozcan y utilicen los dones que son obvios en cada uno.

Al principio de nuestro matrimonio, yo quería satisfacer todas las expectativas de un esposo responsable muy «macho».

Trabajando en contra de su don

Le dije a mi esposa que yo me iba a encargar de las finanzas. Detesto la matemática. Más aún llevar libros. Fui a la universidad con una deficiencia en matemática y tuve que tomar un curso de matemática «sin que fuera tomado en cuenta para mi carrera» durante mi primer semestre. Esto solamente aumentó mi aborrecimiento hacia los números. Pero ahora es diferente, o así pensé. Soy un esposo responsable. Yo controlaré las finanzas.

Pasaron tres meses y no había balanceado la chequera. En lo profundo yo sabía que estaba violando mis dones, y al hacer esto, también estaba violando los dones de mi esposa. Ella había sido contadora antes de casarnos, y era buena para hacerlo. ¿Por qué trataría yo de hacer algo que, primero, no me gusta; segundo, no es mi don; y tercero, mi esposa puede hacer mejor? Así que cuando me resigné a que ese no era mi «don», entonces pude pasar la responsabilidad a alguien que tenía ese don.

> Usted no puede tener éxito si insiste en hacer lo que no ha sido llamado a hacer.

Después de esa brillante deducción, como cabeza de la familia, ejerciendo mi sabio liderazgo y autoridad, le informé a mi esposa que yo le estaba designando y asignando a sus obvios dones, la tarea de llevar los libros en la casa. Ella gustosamente aceptó la responsabilidad y mis finanzas han estado espléndidamente bien por los últimos 34 años.

Usted no puede tener éxito si insiste en hacer lo que no ha sido llamado a hacer. Tenemos un ejemplo clásico en la

Palabra de Dios cuando el rey Saúl, poco después de haber sido ungido, tomó las cosas por su propia cuenta. Se salió de su medida de regir cuando asumió la responsabilidad del sacerdote. Él no era de la familia sacerdotal ni había sido ungido para sustituir al sacerdocio. Saúl se había vuelto impaciente con el profeta Samuel, «tomó las riendas en sus manos» y ofreció los sacrificios bajo presión. Cuando fue confrontado por el profeta, trató de justificar sus acciones, «Samuel, vi que no venías cuando yo pensaba que debías estar aquí; vi los ejércitos de los filisteos preparados para atacar; mi pueblo me estaba abandonando; "me dije", que debería ofrecer sacrificio a Dios antes de pelear, así es que "me esforcé..."» ¡Qué triste! Él escuchó la voz equivocada..., ¡la suya propia! Entonces «se esforzó». Si usted se tiene que esforzar, o bien está haciendo lo que no debe hacer, o se está rebelando en contra de lo que debe hacer.

No hay mayor satisfacción que saber que usted está haciendo lo que debe hacer, y que lo está haciendo con maestría y autoridad. Usted se siente satisfecho y realizado.

> **Reflexión:**
>
> - ¿Está usted siendo sincero consigo mismo respecto a sus dones?
>
> - ¿Está usted funcionando en ese don?
>
> - ¿Hay algo que ha estado usted haciendo que debiera delegar a otra persona?
>
> - ¿Se siente usted satisfecho y es fructífero en lo que hace?

Oración

De nuevo, Señor, te pido que guíes mi vida. Gracias por los talentos y habilidades que me has dado. Yo te ofrezco lo mejor de mí. Protégeme, oh, Señor, de ambiciones egoístas que debiliten mi productividad. Permíteme sobresalir en lo que me has dotado para hacer. Te lo pido en el nombre de Jesús, amén.

5
Actividad sin productividad

5

Actividad sin productividad

> Mucha de la tradición no es más que actividad perpetuada sin examinar el valor y el propósito de esa tradición.

Una de las grandes plagas del cristianismo es la actividad repetitiva y tradicional que no tiene ningún mérito mas que ocupar el tiempo de alguien (si eso se puede considerar a tener mérito). Nos volvemos tan cerrados haciendo lo que siempre hemos hecho porque siempre lo hemos hecho. ¡Qué pérdida de energía!

Si una actividad produce un resultado fructífero hoy, ¡no tenemos la seguridad de que va a resultar lo mismo mañana! No tema descontinuar actividades que siempre ha hecho. Incluso Dios dijo, «¡Haré algo "nuevo"!»

Lo que funciona para una persona no necesariamente funcionará para otra. Hay que considerar muchos factores antes de que usted pueda decir que ese «programa» es para usted. ¿Cuál es el contexto? ¿Cuál es la cultura? ¿Cuál es la necesidad? ¿Hay algo mejor?

¿Va de acuerdo a mi personalidad? Conteste algunas de estas preguntas antes de tomar ese ejemplo ideal del cual usted ha leído u observado como «modelo» para su iglesia o ministerio.

Nos programamos para el fracaso cuando nos envolvemos en actividades que no son productivas. Agotamos nuestras energías sin ningún resultado. Francamente, yo he estado en algunas situaciones muy frustrantes, queriendo gritar, ¡DETENGANSE! He observado ministerios sinceros envueltos en un intento en vano tratando de duplicar la victoria gloriosa y los resultados que otros han alcanzado, utilizando los mismos métodos sin darse cuenta que su situación es diferente.

> Nos programamos para el fracaso cuando nos envolvemos en actividades que no son productivas.

En la iglesia que pastoreo tratamos de adoptar el programa del ministerio de células de mi amigo, el pastor César Castellanos de Colombia. Él tiene una iglesia con más de 150,000 miembros. Su concepto de células ha tenido un gran éxito. El pastor Castellanos pasó varios meses con nosotros durante un tiempo sabático en su ministerio. Durante ese tiempo, lo invité a que le hablara a nuestro liderazgo sobre su método para el ministerio de células. Tenemos una congregación hispana creciendo muy rápidamente, que incluye miembros de por lo menos 22 países diferentes.

César reconoció el potencial de nuestra iglesia y sugirió que quizá pudiera ser el modelo para el ministerio de células a través de las iglesias hispanas en los Estados Unidos. Así que tratamos. Le dimos nuestro mejor esfuerzo. Nuestros líderes estaban emocionados por el resultado potencial. Finalmente tuve que reconocer como pastor que la personalidad de nuestra iglesia, nuestra visión, y probablemente los dones en nuestra congregación no se «apegaban» a esa estructura. Como líderes, no debemos temer el terminar con un programa que no está funcionando para nosotros. Alguien ha dicho, «La estupidez es hacer lo mismo una y otra vez y esperar diferentes resultados».

Leí una vez sobre una exposición que se llevó a cabo en Inglaterra durante el Siglo 19 mostrando inventos que utilizaban energía de vapor. De esa exposición, algunos aparatos muy útiles (ahora modernizados) se llevaron al mercado. Pero lo que me llamó la atención fue que la ganadora de la exposición fue una enorme estructura de 5,000 piezas que se movía y hacía estruendos, silbaba y hacía estallidos, en un concierto de sonidos indefinidos impresionando a los curiosos visitantes. Entonces alguien preguntó, «¿Qué produce este aparato tan impresionante?» El orgulloso ganador del primer premio respondió simplemente, «¡Nada!». ¡Que curioso! Quizá hay algunos ministerios que tienen una multitud de partes que se mueven; nos impresionan a todos; pero, ¿cuál es el resultado perdurable?

Vamos a llevar esto a un nivel más específico y personal. ¿Está usted dando vueltas en círculos? ¿Se siente atrapado por estar siempre ocupado? ¿Se encuentra usted teniendo que ser, hacer, ir y actuar? ¿O puede usted detenerse, rejuvenecer sus energías, y calmar su espíritu?

> En muchas ocasiones, la actividad no es más que «dar vueltas en el desierto».

El pueblo de Israel estaba muy activo en el desierto. Una gran cantidad de actividad. Pero la trayectoria solamente se hizo más larga de lo necesario. En muchas ocasiones, la actividad no es más que «dar vueltas en el desierto».

A menudo consumimos mucha energía con pocos resultados. Me recuerda de una historia en 2 Samuel 18:21-33. ¡Qué pérdida de energía! Absalón, el hijo de David, había muerto por manos de Joab y diez hombres que estaban con él. Comenzó una batalla a causa de que Absalón se había revelado contra su padre David. Absalón estaba siendo mal aconsejado y salió a matar a su padre David. Se había insubordinado. Joab tenía órdenes de llevar la tercera parte del ejército de David y perseguir las fuerzas de los insubordinados. Irónicamente, Absalón se enredó en las ramas de un árbol y su mula siguió adelante, dejándolo colgado entre el cielo y la tierra. Cuando Joab llegó donde él estaba, todavía estaba vivo, así es que Joab clavó tres dardos en el corazón de Absalón y entonces los diez escuderos de Joab acabaron de matarlo. Joab sabía que tenía que darle la noticia a David acerca de la batalla

Actividad sin productividad

y la muerte de Absalón. Llamó a sus corredores y escogió al etíope para llevar el mensaje a David. Cuando Ahimaas, otro corredor, escuchó que debían contactar a David, le rogó a Joab que le permitiera correr. Lo que sucedió después es curioso y triste. Sin embargo, lo que se describe es una clara imagen de actividad sin productividad.

Ahimaas insistió tanto en que le permitieran correr, que Joab finalmente le dijo, «¡Corre!» Y corrió tanto que llegó antes que el etíope. Los hombres de David lo vieron llegar y dijeron, «debe traer un mensaje». Sin embargo, la generalidad de su saludo hacía obvio que el mensaje no era oficial ni completo. Al mismo tiempo, los siervos de David vieron que el etíope se acercaba y David le dijo a Ahimaas que se hiciera a un lado. El etíope entregó el mensaje para el cual fue enviado. ¿Y Ahimaas? Actividad sin productividad.

El gran salmista David, un varón conforme al corazón de Dios, era un hombre de descanso pacífico. Él sabía como tomar tiempo de «*Selah*» (descanso). Más de 70 veces en las Escrituras inspiradas de los Salmos, ocurre la palabra «*Selah*», indicándonos que es tiempo de reflexionar, de tomar una pausa, tiempo de introspección.

¿No implican las Escrituras que «hacer el bien» puede ser fatigoso? Puede ser que lo que estamos haciendo es algo válido y bueno. Pero su valor para usted solamente puede ser medido por la productividad.

El problema parece ser, en la mayoría de los casos, ¡hacerse esclavo de la rutina!

Mucha de la tradición no es más que actividad perpetuada sin examinar el valor y el propósito de esa tradición. Como en el siguiente caso. Hay una historia de una joven recién casada preparando su primera cena de jamón para Navidad. Su esposo observó cuando ella cortó el jamón en dos pedazos, poniendo cada uno en un molde para el horno, y después poniendo los dos moldes en el horno. Por curiosidad le preguntó a su esposa por qué había cortado el jamón en dos. Su respuesta fue muy directa: «Así es como mi mamá siempre lo hacía». Por satisfacer su curiosidad, le preguntó a su suegra por qué le había enseñado a su hija a cortar el jamón en dos pedazos. Ella contestó: «Así es como mi mamá siempre lo hacía». Queriendo llegar a la raíz de esta tradición, le hizo la misma pregunta a la abuela de su esposa. La respuesta era muy sencilla y sorprendió a aquellas que habían continuado la tradición. La abuela dijo: «Yo tenía que cortar el jamón en dos porque no tenía un molde suficientemente grande para cocinarlo entero».

Estoy convencido que muchos de nosotros hoy en día no sabemos por qué practicamos religiosamente ciertas tradiciones. No estoy en contra de las tradiciones, pero no debemos permitirnos agotar energía y tiempo valioso si no hay un resultado productivo.

El apóstol Pablo era un hombre de firmes tradiciones. Firmes hasta la muerte. Él fanáticamente llevaba a cabo amenazas inhumanas en el nombre de tradiciones religiosas. Tomó un encuentro de igual intensidad para poner sus tradiciones en perspectiva con la ley de Dios. La mayoría de las tradiciones religiosas comienzan con un mandato de «Dios dijo», solamente para ser embellecidas añadiendo nuestras propias ideas para satisfacer nuestros deseos personales. Pablo estaba comprometido a sus tradiciones hasta que fue derribado en el camino a Damasco por una luz intensa que lo cegó. Fue solamente hasta ese momento que pudo distinguir entre la revelación divina y la tradición terrenal. Más tarde le escribió a los gálatas una fuerte palabra de amonestación acerca de permitir que las tradiciones obstruyan su devoción a la ley de Dios. Note lo que él dice, "...y en el judaísmo aventajaba a muchos de mis contemporáneos en mi nación, siendo mucho más celoso de las tradiciones de mis padres" (Gálatas 1:14).

Aún Jesús era muy enfático respecto a estorbos y obstáculos a nuestro caminar cristiano que son causados por tradiciones innecesarias. Las tradiciones que no son productivas entorpecerán el progreso del Reino. Los escribas y los fariseos de Jerusalén rápidamente criticaban la omisión de lavarse las manos antes de comer. Para ellos esto era una transgresión a la tradición de los ancianos. La respuesta de Jesús a ellos fue, "¿Por qué también vosotros quebrantáis el mandamiento de Dios por vuestra tradición?" (Mateo 15:3).

Debemos no solamente saber lo que hacemos, sino por qué lo hacemos. La actividad sin productividad consumirá energía y tiempo que nunca se pueden recuperar.

Reflexión:

- ¿Qué estoy haciendo hoy que no añade valor a mi vida?

- ¿Qué actividad debiera dejar de hacer?

- ¿Cuánto tiempo innecesario invierto en actividades que no son productivas?

- ¿Por qué hago las cosas que hago?

Oración

Ah Señor, yo entrego a Ti todos mis caminos. Tú conoces el final desde el principio. Por favor, ayúdame a evaluar mis actividades. Que todo lo que hago traiga gloria a Ti y a Tu Reino. Amén.

6
Temores mal manejados o no identificados

6

Temores mal manejados o no identificados

Debemos enfocarnos en el futuro brillante y en las promesas de Dios en lugar de concentrarnos en el pasado negativo y en el temor de lo desconocido.

El apóstol Pablo le dio entendimiento a Timoteo acerca del origen del temor. En 2 Timoteo 1:7, Pablo identifica el temor como un espíritu: "Porque no nos ha dado Dios espíritu de cobardía, sino de poder, de amor y de dominio propio". Note que Pablo dice claramente, "Porque no nos ha dado Dios...". Así que ¿de dónde proviene? Todos estamos propensos a tener «un ataque de pánico» o pensamientos de temor alguna vez. Debemos controlar esos pensamientos. Debemos identificar nuestros temores y su origen.

El ser humano experimentó el temor por primera vez cuando Adán y Eva trataron inútilmente de esconderse de Dios después de su caída. La desobediencia produce temor. El hacer el mal siempre produce un factor desconocido, o más comúnmente varios factores desconocidos. Por ejemplo, el temor a ser descubierto. El temor a las consecuencias. El temor a lo que otros pensarán, dirán o harán.

Proverbios 28:1 dice, "Huye el impío sin que nadie lo persiga; más el justo está confiado como un león". ¿Por qué? Sencillamente, el temor.

Permítame reiterar tres fases del temor que son producidas cuando andamos en desobediencia. La primera es el temor a ser atrapado o descubierto por nuestra desobediencia. La segunda, el temor a las consecuencias. Y la tercera, el temor a lo que otros pensarán.

Dios no es la fuente ni el origen del espíritu de temor. Es la obra de nuestro enemigo, Satanás. Es fácil identificar el temor que produce la desobediencia o el pecado. Se vuelve más difícil identificar apropiadamente, controlar y eliminar el temor que asalta a un creyente.

Ocurren varias cosas cuando tenemos temor. Llegamos a conclusiones prematuras por falta de conocimiento de los hechos. Tenemos la tendencia a prejuzgar. Es muy común formar conclusiones basadas en experiencias pasadas que no tienen nada que ver con el presente, y tratar de relacionarlas forzosamente a la circunstancia actual si encontramos la más mínima relación. O, suponemos que nuestra situación actual solo puede llegar a experimentar consecuencias adversas. Esto es basado en información inadecuada, en un futuro desconocido o en consejos equivocados.

Generalmente el temor ocurre cuando estamos inseguros acerca de nuestro propósito y acerca de nosotros mismos. Por supuesto, esto es el resultado de no saber quiénes somos en Cristo y de no haber descubierto su plan para nuestras vidas.

¿Cómo puedo eliminar el temor? ¿Cómo puedo vencer al temor cuando invade mi vida?

La respuesta es sencilla, pero requiere una firme determinación de tomar control de nuestra vida. La respuesta sencillamente es; descubra quién es usted en Cristo. Sea intransigente en su determinación.

Una de las palabras más alentadoras que nos ayudan a eliminar el temor es el pronunciamiento profético en Jeremías 29:11, "Porque yo sé los pensamientos acerca de vosotros, dice Jehová, pensamientos de paz, y no de mal, para daros el fin que esperáis". Si Él conoce el plan, yo necesito buscar revelación acerca de mí mismo. Es más, cuando descubrimos quiénes somos en Cristo, se eliminan nuestros temores.

Una de las experiencias más dramáticas que he tenido ocurrió hace varios años en un vuelo de los Estados Unidos hacia Costa Rica. A través de esa experiencia, me encontré cara a cara frente al temor, pude controlar ese temor, y finalmente vencerlo. Abróchese su cinturón y vamos en este viaje de emociones.

Habíamos salido de Nueva Orleáns, Louisiana, en una aerolínea centroamericana con una parada intermedia en Tegucigalpa, Honduras, para poner combustible. El avión era un pequeño Boeing 737 serie 200, que tiene dos motores a reacción. Casi llegando a Honduras nos encontramos con una de las tormentas eléctricas más severas que yo jamás había visto a 10,000 metros de altura. El avión estaba siendo sacudido en todas direcciones. Los relámpagos eran tan intensos que alumbraban el cielo como si fuera de día y terminaban cegándonos momentáneamente.

Entonces sucedió. Un rayo nos pegó directamente y causó daño al motor derecho, el cual se incendió. Yo estaba sentado junto al ala donde se encontraba este motor. El avión comenzó a hacer maniobras muy extrañas. Entonces el piloto anunció que todo estaba bajo control, pero que habíamos perdido uno de los motores. Las personas comenzaron a llorar, a orar, a temblar y a meditar. ¿Era este el final? ¿Sobreviviríamos? ¿Fallaría el otro motor?

El temor siempre le hará tomar un inventario de su vida. Yo comencé a analizar mi propia vida. Un grave silencio se apoderó de todos los pasajeros, indicando que todos estaban en una actitud de introspección.

Continuamos camino a Tegucigalpa, cambiando nuestra altitud y velocidad por haber perdido un motor. El piloto anunció que no podríamos aterrizar en Tegucigalpa como estaba programado debido a que la pista era muy corta y estaba rodeada de montañas. Con un solo motor, las maniobras requeridas para frenar con los motores no se podían ejecutar. El avión tendría que detenerse utilizando solamente uno de los mecanismos para frenar, el tren de aterrizaje. Esto requeriría una pista más larga. Tomando esto en consideración, el piloto decidió continuar hacia Managua, Nicaragua, que tenía un aeropuerto con una pista más larga a menor altitud y menos montañas a su alrededor. Nos acercamos a Managua. Ya habíamos pasado a través de lo más severo de la tormenta. El ver las luces de Managua nos dio un poco de alivio hasta que el piloto anunció que las autoridades de Nicaragua no nos habían dado permiso de aterrizar, aunque estábamos en peligro.

Este incidente ocurrió durante una época en la que había disturbios en el gobierno y ruptura de relaciones con otros países de Centro América.

De nuevo comenzó el llanto, la oración y la meditación nerviosa. Para entonces yo había tenido una larga conversación con el Señor, no sólo sobre mi pasado, sino también sobre mi futuro. Saqué mi Biblia y comencé a leer los Salmos de alabanza. En medio de la tormenta, había venido una gran paz sobre mí. La señora sentada a mi lado estaba claramente molesta ante mi aparente «indiferencia» por la situación en que estábamos. Me preguntó cómo podía yo estar tan tranquilo dadas las circunstancias. Mi respuesta no fue tan alentadora como ella esperaba. Le dije que todo estaba bien. Que lo lograríamos. «Eso es fácil para usted decirlo, pero, ¿y yo?»

Durante esta conversación, la paz estaba confrontando al temor. En ese momento, el piloto nos informó que había un nuevo plan de dirigirnos a El Salvador, donde se había inaugurado una nueva pista. Estaba en la costa del Pacífico, con fácil acceso, y sería suficientemente larga para aterrizar y frenar dada las condiciones del avión. Estas buenas noticias fueron seguidas por otras noticias que no eran tan buenas. Ahora el avión estaba bajo en combustible. Así que regresamos a la confrontación de la paz contra el temor. De nuevo la señora sentada a mi lado lloraba resignada. Entonces le dije por qué me había llenado de tanta paz y estaba seguro de que llegaríamos bien.

Durante mi tiempo de reflexión con el Señor, Él me recordó de mi experiencia en Quito, Ecuador cuando las cuatro facetas específicas de mi ministerio me habían sido reveladas.

Mientras reflexionaba en esas facetas me di cuenta que solamente una de ellas se había realizado. Mi razonamiento era que si Él me dio cuatro, y de esas cuatro, una había ocurrido como Él me lo había mostrado, ¡todavía había tres esperándome en el futuro! (Al momento de escribir esto, tres se han cumplido.) ¡Jeremías estaba en lo cierto! ¡Él tenía un plan, una esperanza y un futuro para mí! Yo no tenía duda. Sabía que íbamos a aterrizar sin ningún percance. Al menos estaba seguro que de cualquier manera que aterrizáramos, yo viviría para contar mi historia.

La tranquilidad de ese sagrado momento invadió la cabina del avión cuando escuchamos bajar el tren de aterrizaje y vimos las luces intermitentes de los vehículos de emergencia y de las autoridades del aeropuerto en la distancia. Nuestro combustible había alcanzado hasta que aterrizamos. Las ruedas tocaron tierra. El avión se movió rápidamente por la pista, reduciendo su velocidad muy ligeramente por el mecanismo de freno. Los vehículos de emergencia corrían a nuestro lado sin poder alcanzar al avión que se movía a gran velocidad mientras llegábamos al final de la pista. Utilizando toda la pista disponible, la rueda delantera finalmente se detuvo en el lodo al final de la pista y el avión se sacudió al detenerse bruscamente. ¿Estábamos a salvo? ¿Se había terminado?

Hubo un silencio significativo antes del aplauso. Aproveché ese momento y me volteé hacia la señora sentada a mi lado y le susurré suavemente, «Le dije que lo lograríamos».

Su sonrisa de gratitud contrastaba con sus lágrimas de temor. Sí, lo logramos. Como resultado de esa experiencia, ella entregó su corazón al Señor y lo invitó a que fuera su Salvador.

También, como resultado de esa experiencia, aprendí la clave de cómo controlar los temores en mi vida. Si lo conocemos a Él y su Palabra, hay una paz que sobrepasa todo entendimiento, que confrontará nuestro temor y ganará la batalla.

Cuando Pablo le dijo a Timoteo que Dios no nos había dado un espíritu de cobardía, nos dijo también que Él nos ha dado "un espíritu de poder, de amor, y de dominio propio" (2 Tim 1:7). El temor se remueve por el poder, el poder de Dios. El poder que viene en la dimensión del Espíritu Santo. Este poder es una infusión de asistencia sobrenatural que nos lleva más allá de nosotros. La palabra poder que se emplea aquí es la palabra griega «dunamis». Esto significa una habilidad milagrosa y un poder superior a nosotros.

Cuando Pablo dijo un «espíritu» de temor, se refería a una predisposición mental. Esta predisposición es donde se encuentra nuestra batalla más grande. Se requiere del Espíritu Santo para transformar nuestra mente. El temor no es de Dios. Pablo dijo muy claramente que Dios no nos ha dado este espíritu de temor. Pero Dios nos dio una predisposición mental de poder, amor y dominio propio.

Un espíritu de amor, o una predisposición mental de amor que es dada por Dios, es una consideración y afecto incondicional hacia otros, aún si ellos desean hacerle daño. Pablo le estaba escribiendo a Timoteo considerando su disposición mental porque Pablo estaba en prisión. Por lo tanto Pablo comprendió el temor potencial que Timoteo enfrentaría. Quizá Timoteo estaba incluso resentido hacia aquellos que habían puesto a Pablo en prisión. El siguiente versículo era una palabra de aliento para Timoteo, haciéndole saber que no debía estar cohibido acerca de su fe sino que debiera ser audaz y no temer.

Dios nos ha dado el poder del dominio propio. Es nuestra

responsabilidad ejercerlo. El dominio propio hará posible que podamos llevar cautivo todo pensamiento, refutando argumentos, y toda altivez que se levanta contra el conocimiento de Dios. El conocimiento de Cristo, el conocimiento de su Palabra, el conocimiento de quiénes somos en Cristo y el conocimiento de su plan para nuestra vida nos darán dominio propio y eliminarán el temor. Le recuerdo lo que dijo Pedro en 2 Pedro 1:5-6:

> *"Vosotros también, poniendo toda diligencia por esto mismo, añadid a vuestra fe virtud; a la virtud, conocimiento; al conocimiento, dominio propio; al dominio propio, paciencia; a la paciencia, piedad."*

Entonces en el versículo 10, Pedro dice que si hacemos estas cosas no caeremos jamás. La secuencia del desarrollo de nuestro carácter es importante. El dominio propio viene después del conocimiento. La conclusión es que nuestras emociones y nuestra falta de dominio propio son debidas a nuestra ignorancia. La falta de conocimiento generalmente trae un espíritu de temor.

Analicemos Isaías 43:1-3:

> *"Ahora, así dice Jehová, Creador tuyo, oh Jacob, y Formador tuyo, oh Israel: No temas, porque yo te redimí; te puse nombre, mío eres tú. Cuando pases por las aguas, yo estaré contigo; y si por los ríos, no te anegarán. Cuando pases por el fuego, no te quemarás, ni la llama arderá en ti. Porque yo Jehová, Dios tuyo, el Santo de Israel, soy tu Salvador."*

Temores mal manejados o no identificados

Hay 365 ocasiones en la Biblia que [...] donos «no temas». Así es que cada [...] una Palabra para nosotros. **No tem[...]**

El temor es creer que lo que uste[...] rrir. La fe es creer que lo que usted no pued[...]

Le sugiero que lea de nuevo las dos frases ant[...] Quizá usted pensó que era un error de impresión en el libro. Piense en ello. El temor es creer que lo desconocido que no podemos ver, va a ocurrir. Igualmente, la fe es creer que lo desconocido que no podemos ver todavía, va a ocurrir. ¿Cuál es la diferencia? Es un estado de ánimo. Es creer desde una disposición mental positiva o negativa.

La fe está basada en el conocimiento. "Yo sé que mi Redentor vive" (Job 19:25). ¡Lo que usted no sabe le hará daño! La Biblia dice, "Mi pueblo fue destruido, porque le faltó conocimiento" (Oseas 4:6).

Desde un punto de vista práctico, ¿Cuáles son algunos temores comunes que necesitamos vencer? Muchas personas temen ser criticadas. Otros temen que ocurra una tragedia. El temor a accidentes automovilísticos, a desastres aéreos, y a la muerte, son temores muy comunes para muchas personas. Las fobias son temores. Esta dimensión del temor es provocada por las emociones. Nuestra conciencia controla esta emoción, pero lo desconocido alimenta nuestra conciencia con temor. El temor está siempre basado en lo desconocido o en lo que suponemos. Comenzamos a crear escenarios en nuestra mente basados en falta de información, o en algunos casos, en información incompleta.

El temor al fracaso es probablemente el más común de todos los temores. Es una de las causas principales de que los ministerios sean mediocres. Muchas veces no tratamos de hacer algo en la vida por temor a no tener éxito.

Uno de los temores más difíciles de percibir que plagan el ministerio es, «¿qué están pensando otros de mí?». ¿Estoy cumpliendo las expectativas de otros? Muchas veces nos enfocamos en nuestra actuación. Queremos siempre «agradar a otros».

A menudo identificamos la norma equivocada para medir el éxito. Cuando satisfacemos las expectativas de Dios, no debemos temer lo que digan otros. La Escritura nos hace saber que cuando estamos en el favor de Dios, Él asume la responsabilidad de hacer que aún nuestros enemigos estén en paz con nosotros. La Escritura también es muy clara al decir que si crecemos en estatura y en la gracia de Dios, tendremos el favor de los hombres. Debemos hacer todo lo posible por controlar los temores creados por la presión de nuestros iguales.

> Cuando satisfacemos las expectativas de Dios, no debemos temer lo que digan otros.

La competencia en el ministerio traerá temor si no tenemos cuidado. No debemos competir con otros, sino con nosotros mismos. Recuerdo una frase que escuché de Paul Harvey para motivarse a sí mismo cuando yo era un adolescente. Él dijo, «Un hombre es un campeón cuando se puede conquistar a sí mismo». Esta frase me dio una nueva percepción. Cuando uno es adolescente, hay mucha competencia. Pero cuando escuché esta frase, tomé la decisión de esforzarme por alcanzar mi potencial máximo. Cuando sé que he hecho lo mejor que puedo, no temo lo que otros puedan pensar o decir.

Todos somos vulnerables a ser invadidos por temores.

Los sufrimientos del pasado, las tragedias del pasado, vergüenzas del pasado y las presiones de tiempos anteriores, todas ellas ayudan a crear una inclinación al temor en nuestras vidas. *Debemos enfocarnos en el futuro brillante y en las promesas de Dios, en lugar de concentrarnos en un pasado negativo y en el temor a lo desconocido.* Pablo lo dijo de esta forma: "Olvidando ciertamente lo que queda atrás...prosigo a la meta" (Filipenses 3:13-14).

Me recuerda de un gran profeta de la antigüedad que se enfrentó a numerosos adversarios y obtuvo la victoria, solamente para sentirse derrotado poco tiempo después ante las amenazas de una mujer perversa. Me refiero al gran Profeta Elías, el hombre que ejecutó a los profetas de Baal. Elías se enfrentó a ellos, se burló de ellos y los derrotó. Pero entonces el temor se apoderó de él cuando llegó el mensaje de que Jezabel lo iba a matar como él hizo con los profetas de Baal. Después de recibir este mensaje, Elías huyó para salvar su vida. Se sentó debajo de un árbol y oró pidiendo morir. Ya había tenido suficiente. Clamó al Señor para que le quitara la vida. Al siguiente día, cuando el ángel del Señor le preguntó qué estaba haciendo en la cueva, él comenzó a lamentarse por su situación. Dijo que él era el único que honraba a Dios. Algunas veces nos convencemos de que estamos solos y que no podemos apoyarnos en nadie. El Señor le contestó claramente que tenía otros 7,000 profetas en reserva.

Demasiado pronto nos olvidamos de quiénes somos, cuál es nuestro propósito, y quién es la fuente de nuestra fortaleza. El autor de Hebreos nos dice que tenemos una gran nube de testigos a nuestro alrededor que testifican del éxito de la fe. La fe y el temor no pueden habitar conjuntamente. Señor, aumenta nuestra fe. Elimina nuestro temor.

Reflexión:

- ¿Cuáles son algunos temores que he vencido?

- ¿Cuáles son los temores que enfrento hoy?

- ¿Cómo puedo vencerlos?

Oración

Padre Celestial, Tú me has dado todas las cosas que pertenecen a la vida y a la piedad. No me has dado un espíritu de cobardía, sino de dominio propio. Yo rechazo todo lo que no proviene de Tu trono. Yo recibo liberación de mis temores. Gracias por darme dominio propio y el poder para vencer las trampas de Satanás. Señor, Tú siempre estás conmigo. Yo decido no temer. Amén.

7
Experiencias negativas y relaciones negativas

7

Experiencias negativas y relaciones negativas

Es importante que los líderes desarrollen relaciones con personas progresistas que pueden hacer las cosas; relaciones que van a contribuir a crear un ambiente estimulante, tanto desde el punto de vista emocional como espiritual.

El valor del ser humano nunca debe de ser ignorado, ridiculizado, o motivo de burla. Todos los seres humanos tienen valor. Habiendo dicho esto (y yo verdaderamente lo creo), vamos a analizar el efecto que causan las personas negativas en nuestra vida.

No podemos vivir como ermitaños. No nos podemos aislar de la sociedad. Personalmente, no me puedo imaginar algo mucho peor teniendo un carácter tan sociable, pero, ¿cuánto permite usted que otros agoten su energía? Si usted llegó a su casa hoy totalmente agotado, pudiera ser que no haya sido por el trabajo duro, sino más bien, por las influencias negativas. La mayoría de la gente se siente llena de energía (no agotada) después de un duro día de trabajo. Quizá «duro» día no es la manera de describirlo. Digamos un día productivo, aunque extremadamente ocupado. «Mire lo que he alcanzado hoy.» Los pasatiempos se disfrutan más cuando hemos alcanzado nuestras metas y cumplido nuestros objetivos ese día.

Ya bien sea en un empleo secular, en un ministerio, en la iglesia, en una reunión familiar, o donde quiera que usted se tenga que relacionar con otros, cuídese de las personas negativas. El ministerio no está exento de tratar con el lado negativo de la vida de las personas. Sin embargo, no debemos permitir que agoten nuestra energía.

Es importante separar la negatividad de la personalidad. La negatividad en una persona redimida sería una contradicción. No puede ser posible. Así es que, ¿cómo la identifica?

Primeramente, entendamos que cada uno de nosotros tiene experiencias negativas en la vida. Pero esas experiencias nunca deben alterar lo que Dios dice de nosotros como sus hijos. Cuando experimentamos un revés en la vida, debemos determinar si es un retraso divino o una desviación diabólica. No todos lo encuentros que percibimos como negativos son malos.

La clave, sin embargo, es el punto de vista con el que tratamos esa experiencia. Es fácil categorizar desde una perspectiva humana y pasar por alto una experiencia en la vida que puede ayudarnos a desarrollar nuestro carácter. Cuando nos enfrentamos a una experiencia negativa con un punto de vista negativo, estamos destinados al fracaso. Por lo tanto, las influencias negativas y las experiencias negativas se vuelven nuestras amigas o nuestras enemigas dependiendo de nuestra «carga» espiritual.

Es importante reconocer que el contacto con personas de mente perversa, amistades íntimas y conversaciones con aquellos que tienen opiniones erróneas o que viven vidas impuras, tienden a corromper la moral, el corazón y los sentimientos de otros. En 1 Corintios 15:33, el apóstol Pablo cita a Menander, uno de los más reconocidos poetas griegos. Note la Escritura: "No erréis; las malas conversaciones corrompen las buenas costumbres". Los corintios estimaban altamente a sus poetas, y Pablo era muy dotado en integrar la realidad cultural a sus exhortaciones. El engaño es una característica de la negatividad. Muy a menudo las personas negativas son engañadas por las circunstancias. Juzgan prematuramente basadas en una experiencia anterior o en una fe poco profunda.

Un hombre muy sabio (llamado Salomón), dijo en Proverbios 13:20, "El que anda con sabios, sabio será; mas el que se junta con necios será quebrantado". Estas son palabras muy fuertes. Salomón también nos dijo: "Todo hombre prudente procede con sabiduría; mas el necio manifestará necedad. El mal mensajero acarrea desgracia; mas el mensajero fiel acarrea salud" (Proverbios 13:16-17).

Hace varios años, mientras estaba sirviendo como misionero en el Caribe, nuestra misión requería publicar un boletín mensual acerca del trabajo misionero y era preferible tener fotografías. Desde luego, en aquellos días, las fotografías en blanco y negro eran preferibles para imprimir.

Decidí comprar grandes rollos fotográficos, hacer rollos más pequeños, e incluso revelar mis propios negativos para que fuera más eficiente y más económico. Así es que el baño principal de mi casa se convirtió en el cuarto oscuro para revelar fotografías como aficionado. Descubrí que era esencial tener una oscuridad total para revelar los negativos. Y me inclino a pensar que los negativos en la vida se producen en la oscuridad. Satanás ha sido relegado a vivir y operar en la oscuridad, y por lo tanto, así también las cosas negativas.

En los negativos fotográficos, todos los objetos aparecen en forma opuesta a la realidad. ¡Qué gran intuición para aplicarla cuando analizamos las situaciones negativas en la vida! Parecen ser lo opuesto a lo que realmente son. El blanco parece negro, y el negro parece blanco.

Todo el mundo se va a encontrar con personas negativas en algún momento en su vida; personas que agotarán su energía.

La diversidad es maravillosa. Es importante tener diferentes tipos de personalidad en nuestro círculo de influencia. Sin embargo, algunas de las relaciones que tienden a aferrarse con tenacidad son esas relaciones negativas que resultan tan agotantes. En el ministerio, somos llamados a amar a todo el mundo. Desde luego, todos tenemos el derecho de ejercer nuestra opción en cuanto a preferencias personales en la interacción social.

Observemos cómo las relaciones agotantes pueden limitar nuestro éxito y llevarnos al fracaso. En primer lugar, una persona negativa entorpecerá nuestra visión. «No se puede hacer», «... nunca lo hemos hecho de esa forma», «... ¿y si no funciona?», «... ¿Quién va a pagar por eso?»... y la lista continúa. Estos comentarios tienden a ir más allá de la planeación calculada y cuidadosa que uno debe hacer. De repente ellos toman la postura de banderas rojas para impedirnos

Experiencias negativas y relaciones negativas

seguir adelante. Cada iglesia parece tener ese miembro especial que es muy apto para echarnos un cubo de agua fría.

Y hay aquellos que siempre parecen estar deseando más atención del pastor o del líder hacia ellos. Muchas veces, es el mismo problema vestido de una forma diferente. El consejo que se ha dado también se incluye en esta situación. Desdichadamente, esta relación agotante no ha tomado en cuenta la primera declaración de nuestra sabiduría, así es que ahora se vuelve un abuso de nuestro tiempo. Algunas veces, yo quisiera grabar en una cinta de audio mi consejo a ese tipo de persona con una etiqueta que diga, «*Por favor, regrese la cinta y vuelvalo a escuchar*».

He encontrado varias distracciones debilitantes en mi ministerio. Puedo incluso ponerle nombres y apellidos a esas distracciones. Pero, pudiera usted decir, ellos también necesitaban ser ministrados. Estoy totalmente de acuerdo. Pero debo determinar si son mi proyecto o si hay alguien mejor capacitado que yo para trabajar con su personalidad específica. Algunas veces, sin embargo, parece que esas personas nunca dejan de insistir. Cuando esto ocurra, acepte el reto. Quizá Dios tiene un propósito al poner en su vida a personas fuera de lo común. Descubra ese propósito y permita que el reto desarrolle su carácter, pero que no lo haga distraerse.

> Si solamente tenemos a personas de menor visión en nuestro círculo de influencia, dejaremos de esforzarnos.

Debemos incluir en nuestro círculo de influencia a personas que «expandan» nuestra forma de pensar. Si solamente tenemos a personas de menor visión en nuestro círculo de influencia, dejaremos de esforzarnos. Nos sentimos satisfechos de nosotros mismos. Incluso nos volvemos arrogantes, sintiéndonos "muy de éxitos". Lo que necesitamos son aquellos que nos hacen expandirnos y aquellos que nos mantienen con los pies en la tierra.

Algunas veces esas relaciones agotantes nos son impuestas por las estructuras eclesiásticas. Eso predomina mucho en varias denominaciones. Muchas veces encontrará que el liderazgo elegido impone directivas legisladas sobre pastores de quizá mayor visión que esos líderes. El pastor que se mueve enérgicamente en su ministerio y es un visionario se le considera un disidente. En la mayoría de los casos ha rechazado la oportunidad de una posición electa al darse cuenta que obstaculizaría la visión de su iglesia local. Esta situación fuerza a muchos pastores a reconsiderar su afiliación. Cuando deciden dejar esa estructura, generalmente se les clasifica como rebeldes, pero sencillamente se están moviendo adelante, más allá de esas relaciones que impedirían el alcance completo de su visión.

Recuerdo una reunión con los ancianos de una de las iglesias de las que fui pastor hace unos años. Les había presentado un concepto de conducir servicios para un grupo de diferente idioma que representaba un gran porcentaje de la población de la ciudad donde era pastor. La congregación me estaba apoyando con un salario adecuado, aunque el tamaño de la congregación era relativamente pequeño. Me encontraba con mucho tiempo libre en mis manos. Me sentía totalmente capaz de enfrentar el reto de un grupo con otro idioma, ya que yo dominaba muy bien ambos.

Me sorprendió grandemente la reacción negativa de los ancianos cuando les presenté mi visión de ministrar a este sector de la población, especialmente tomando en cuenta que este grupo étnico representaba el cincuenta y cinco porciento de la población. Usted pensaría que sería un proyecto fácil de vender. Al contrario. Tomó mucha labor para convencerlos, y aún así, tenía que buscar otro local para conducir esos servicios. De momento parecía que era un problema de discriminación racial. Sin embargo, este no era el caso. Era más bien un problema de «control» al igual que un orgullo celoso. Los comentarios negativos de los ancianos iban desde «no va a funcionar», a «nos vas a pasar por alto», a «te vamos a reducir el sueldo», hasta «¿por qué quieres hacer algo más? Disfruta el tiempo libre».

Bueno, yo había escuchado de Dios. Seguí adelante a pesar de sus influencias negativas e inicié la nueva congregación y esta comenzó a crecer. Pasaron unos pocos meses, y sobrepasé sus negativas cuando observaron que las congregaciones de ambos idiomas estaban comenzando a crecer. Los ingresos habían aumentado. La asistencia había aumentado. La iglesia se estaba moviendo hacia adelante. Los dos grupos inclusos comenzaron a integrarse y a disfrutar del compañerismo.

Es importante que los líderes desarrollen relaciones con personas progresistas que pueden hacer las cosas; relaciones que van a contribuir a crear un ambiente estimulante, tanto desde el punto de vista emocional como espiritual.

El apóstol Pablo se distrajo por la inmadurez de Juan Marcos en sus viajes misioneros. Aparentemente, Juan Marcos no se sentía a gusto con las condiciones de viaje y era una distracción para Pablo en su ministerio. Es una cosa discipular a alguien cuando usted ha determinado que ese es su propósito. Pero cargar un peso muerto en su camino al éxito es algo completamente diferente. Pablo estaba muy enfocado y un recluta quejándose no era lo que necesitaba.

Las personas negativas son distracciones debilitantes. Es muy importante que nos rodeemos de personas que contribuyan a nuestro éxito. Desde luego, esto no significa que debamos rechazar la crítica constructiva. Al contrario. Debemos agradecer las evaluaciones sinceras y las observaciones claras que nos puedan asistir en nuestro camino al éxito. Las personas a nuestro alrededor no deben ser personas que automáticamente están de acuerdo con todo lo que hacemos y decimos. Encuentre personas que digan «yo lo puedo hacer», y que lo lleven al siguiente nivel.

Reflexión:

- ¿Ha identificado usted influencias en su vida que agotan su energía y su efectividad?

Haga una lista de esas experiencias que usted ha mantenido y que deben ser descartadas.

Oración

Señor, como he orado a través de este libro, de nuevo me someto a tu propósito. Tú eres mi guía. No andaré en consejo de malos, ni estaré en camino de pecadores, ni me sentaré en silla de escarnecedores. Tú eres mi delicia. Pensaré en todo lo que es verdadero, todo lo honesto, todo lo justo, todo lo puro, todo lo amable, todo lo que es de buen nombre. Rechazo todo pensamiento negativo y echo mano a lo que es de virtud y es digno de alabanza. En Tu nombre oro, Jesús, amén.

8

Un espíritu mal nutrido

8

Un espíritu mal nutrido

Tengo un intenso deseo de identificar la entrada a los lugares profundos de Dios y encontrar la ruta a esa entrada diariamente.

La desnutrición no es siempre el resultado de una falta de alimentación. Tampoco es por falta de una sustancia nutritiva. Llegado el tiempo, a un bebé hay que quitarle la costumbre de ser alimentado con leche como su única fuente de nutrición aunque la leche sea valiosa y el bebé esté satisfecho y se sienta lleno. Un bebé no conoce nuevos sabores, nuevas texturas de comidas, o el valor de la comida sólida. Ese bebé debe ser iniciado en una nueva dieta. Aunque hay resistencia a lo nuevo y un deseo por lo anterior, sería absurdo impedir el proceso de crecimiento.

En mis viajes alrededor del mundo, he estado en algunos de los países más pobres del mundo y en las áreas más deprimidas de esos países. He visto los ojos hundidos, los estómagos hinchados, los delgadísimos brazos y piernas, los dientes cariados, los cabellos manchados, y la piel con erupciones. He sentido la frente febril y escuchado las voces apagadas de un niño sin fortaleza. No es un espectáculo agradable.

Pero igualmente desagradable es ver el raquitismo espiritual en el Cuerpo de Cristo.

Dios nos ha hecho pasar por experiencias y ha puesto a personas en nuestras vidas que han servido para ayudarnos en los cambios y en el proceso de transición que son necesarios para nuestro desarrollo espiritual. No tengo duda en mi mente sobre las deficiencias de desarrollo que son comunes en el Cuerpo de Cristo.

Debo confesar que este capítulo ha sido el más difícil de desarrollar. ¿Quién soy yo para dar respuestas a estos males? ¿Lo he alcanzado yo? Permítame ser el primero en reconocer mis deficiencias en esta área de la búsqueda espiritual. Sin embargo, debo hablar sobre esta situación. Comenzando, desde luego, con mi propia vida. Trataré de hablar de una manera inocente y transparente. Fui criado «en la Iglesia». He estado expuesto a lo mejor en cuanto a enseñanzas y ministerio. Me gradué en una escuela bíblica. Pero ahora reconozco desde lo más profundo de mi vida la necesidad de clamar por lo más profundo de Dios. He fracasado miserablemente en más de una ocasión. Su misericordia me ha levantado. Cuando busqué donde poner la culpa, tuve que reconocer mis propias deficiencias y la falta de alimentación de mi espíritu.

Es necesario que comencemos por comprender cómo está compuesto el hombre. Hay diferentes formas de pensar acerca de la composición del hombre. Las dos más comunes son la dicotomía y la tricotomía. Solamente daré un repaso de las dos y le dejaré los detalles a usted y a su teólogo favorito.

La dicotomía, descrita sencillamente, es la postura que describe al hombre como un ser de dos partes consistiendo en el cuerpo y el alma. ¿Y dónde entra el espíritu? Básicamente esta postura dice que el alma es donde se encuentra el espíritu y se vuelve un componente inseparable. Desde mis tiempos universitarios, yo he estado muy firme en esta postura hasta los últimos años. He descubierto que el alma pudiera alojar a mi espíritu, me he visto obligado a reconocer que esos dos componentes tienen características específicas que requieren su separación. Por lo tanto, ahora tiendo a definir al hombre como una tricotomía: cuerpo, alma y espíritu.

He llegado a esta postura tripartita a causa mayormente de mi búsqueda por una relación más profunda y más cercana a Dios, que su Palabra indica que está a nuestro alcance y que es su deseo. El apóstol Pablo, con un deseo apasionado, proclamó, «a fin de conocerle...» (Filipenses 3:10). Este es el apóstol que tuvo el impresionante encuentro con Cristo en el camino a Damasco. Cuando tenemos una experiencia similar (y quizá menos dramática), existe la tendencia, como los discípulos en el Monte de la Transfiguración, de llamar a un equipo de construcción para erigir un tabernáculo. Tenemos la inclinación a acampar en nuestra última experiencia en vez de proseguir a la meta. Si podemos señalar a nuestros semejantes una vivencia que fue más allá de lo normal resultó impresionante, entonces descansamos en nuestros laureles. Escribimos libros acerca de ello. Damos seminarios sobre el tema, causando muchas veces angustia a nuestros oyentes que ansían tener una experiencia similar.

Seamos realistas. La realidad de hoy no puede ser sustentada por el maná de ayer. Me siento desconcertado por el abuso que noto en el cristianismo hoy en día mientras observo «banquetes de amor» espirituales que Dios ha vertido sobre su pueblo, siendo perpetuados hasta que ya no queda sustancia alguna. A través de los años, esto ha hecho mucho daño al reino de Dios. El único resguardo contra este peligro es que madure el Cuerpo de Cristo. Ya bien sea «reír», «caer en el Espíritu», «gemidos», o cualquier otra manifestación que genuinamente ha acompañado esas olas del mover de Dios a través de la historia de la Iglesia, es peligroso para los creyentes deificar las señales y no la sustancia, la esencia. ***Dios es nuestra fuente y toda doctrina debe ser basada en su verdad y no en nuestra experiencia***.

> La realidad de hoy no puede ser sustentada por el maná de ayer.

Desdichadamente, los ministerios por televisión (y yo tengo un programa semanal por televisión), han expuesto al Cuerpo de Cristo a muchas «olas» de experiencias espirituales que han sido percibidas como lo máximo en el trato entre Dios y el hombre. Muchas veces, los ministerios por televisión o por radio nos impiden aplicar el principio escritural de «reunirnos como iglesia» para edificar y desarrollar el Cuerpo de Cristo. Muchos cristianos no han pasado más allá de las aguas poco profundas, y por lo tanto no han aprendido a nadar en la turbulencia de las aguas profundas.

Para tener éxito en nuestra trayectoria espiritual, debemos mantener una intimidad con Dios que alimente nuestro espíritu.

La mayoría de las decisiones en la vida son hechas en el contexto de nuestra alma, o sea, nuestro intelecto, nuestras emociones, y nuestra voluntad. Desde luego, esos atributos son influenciados por las circunstancias y por el medio ambiente. El bienestar del cuerpo afecta nuestra alma y como consecuencia, muchas de nuestras decisiones son inferiores a lo mejor que Dios tiene para nosotros. Quizá tenemos un gran conocimiento teológico, quizá tenemos conocimiento por revelación, pero nuestra propia voluntad y nuestras emociones aplicarán ese conocimiento de acuerdo a nuestra conveniencia.

Pero cuando operamos en intimidad con Dios, las cosas profundas de Dios desafiarán el razonamiento humano y nos llevarán a tener una perspectiva desde el punto de vista de Dios.

Tengo un intenso deseo por identificar la entrada a los lugares profundos de Dios y encontrar la ruta a esa entrada diariamente. Es mi deseo entrar a su presencia y llegar a una dimensión más allá de los sentimientos. ¡Que pudiéramos amamantarnos de El Shaddai, el que tiene muchos pechos! Yo no estoy satisfecho solamente escuchando acerca de Él; necesito conocerlo y por consecuencia mi espíritu estará bien nutrido.

Reflexión:

- ¿Está usted tomando diariamente suficiente tiempo en la Palabra de Dios para alimentar su espíritu?

- ¿Qué es lo que lo desafía a mantener una intimidad con Dios?

Oración

Amado Señor, yo añoro entrar en Tu presencia y buscar Tu rostro. Enséñame Señor, no sólo a alimentar mi alma, sino también mi espíritu. El deseo de mi corazón es conocerte más íntimamente y conocer Tus caminos. Amén.

Conclusión: El estímulo de Dios en el camino al éxito

Conclusión: El estímulo de Dios en el camino al éxito

Muchas veces, lo que estamos haciendo parece un proceso lento, pero Dios sabe por lo que tenemos que pasar para estar preparados para el futuro que Él tiene para nosotros.

¿Cómo sé si estoy progresando en la superación del fracaso, o incluso evitándolo? ¿Sabe Dios realmente dónde me encuentro?

Hay una respuesta afirmativa a ambas preguntas. Cuando nos sentimos satisfechos y estamos dando frutos, es señal de que vamos progresando. Muchas veces, cuando menos lo esperamos, Dios nos sorprende confirmando nuestro progreso. Hemos hablado sobre visión, dones, productividad, prioridades, sanidad, superar temores, eliminar distracciones negativas, y alimentar nuestro espíritu. Sin embargo, debemos ser sensibles al estímulo que Dios proporciona a lo largo del camino.

> Cuando nos sentimos satisfechos y estamos dando frutos, es señal de que vamos progresando.

Después de un tiempo de retos personales en mi ministerio, parecía que nunca encontraría de nuevo satisfacción en mi vida. Estaba trabajando en el mundo secular, y sentía que no sólo mis colegas anteriores en el ministerio se habían dado por vencidos acerca de mí, sino que también Dios me había abandonado. Desde luego, esto no era cierto. La Biblia indica claramente en Romanos 11:29, "porque irrevocables son los dones y el llamamiento de Dios". Yo sé que Dios me ha dado dones, y nunca he dudado de mi llamado. Sin embargo, en ese momento en particular en mi vida, necesitaba el estímulo que Dios proporciona para poder seguir adelante.

Le dije a mi esposa que seguramente Dios todavía tenía un lugar para mí. Le comenté a ella que Dios me había dado a conocer que había un grupo de personas en California que estaban buscando un pastor. Haber dicho esto parecía chistoso. Probablemente había muchos grupos buscando un

Conclusión

pastor. ¿Cómo iba yo a encontrar ese grupo? Sin duda, Dios dirigió nuestros pasos.

Tomé mis vacaciones para «investigar el terreno». Donna y yo viajamos a California, visitamos a unos amigos del ministerio, y abrimos nuestros espíritus para escuchar a Dios sobre el mudarnos a California. Fui a una agencia de empleos para buscar trabajo, con la idea de mudarme a California y comenzar una iglesia. Entonces fue cuando comenzaron a suceder las cosas.

Mientras estaba llenando solicitudes de empleo, mi esposa se encontraba sentada en el auto esperándome, leyendo un libro, inmersa en sus propios asuntos. Un hombre (más tarde me di cuenta que era una visitación angelical) tocó en la ventanilla. Con desgano, Donna abrió ligeramente la ventanilla y el hombre comenzó a conversar con ella como si él supiera algo que nosotros ignorábamos. Lo primero que dijo fue, «Así que están planeando mudarse a esta área». Donna, sorprendida por el comentario, analizó las circunstancias rápidamente. El auto era de unos amigos y tenía placas de California.

Estábamos en el estacionamiento de un restaurante. Y no había nada en el auto indicando que éramos turistas.

Donna le respondió, «Sí, estamos pensando mudarnos para esta área». Después de ese comentario, el hombre misterioso le informó que el área de San José era más cara que Hollister o Gilroy, al sur de ese lugar. Entonces se despidió y se retiró. Cuando buscó a su alrededor, después de meditar sobre el extraño acontecimiento, no lo volvió a ver. Unos minutos más tarde, yo regresé al auto y fuimos a una cita para almorzar con un amigo que no había visto por varios años.

Mientras estábamos conversando, le pregunté a dónde asistía a la iglesia. Él vivía al sur, pero me dijo que viajaba a San José para ir a la iglesia porque la que estaba cerca de su casa había permanecida sin pastor por casi dos años. Mencionó el nombre del pueblo, Gilroy. Mi esposa preguntó, «¿Dijo usted Gilroy?» Yo nunca había escuchado de Gilroy y me sorprendió escuchar la reacción de mi esposa. Donna entonces nos contó del encuentro que había tenido. ¿Pudiera ser esta la iglesia en California que estaba buscando un pastor? Sin lugar a dudas Dios envió un ángel para indicarnos el camino.

Un antiguo conocido me había invitado a predicar en su iglesia la noche siguiente. Mientras conversábamos durante la comida, le pregunté si tenía alguna información sobre la iglesia en Gilroy. Sus ojos se iluminaron y dijo, «El anciano a cargo de la iglesia es muy buen amigo mío. Rafael, tú pudieras ser exactamente la persona que están buscando». Se hizo contacto por teléfono con ese anciano y programamos desayunar juntos la mañana siguiente, mientras íbamos en camino al aeropuerto para regresar a casa. Durante el desayuno, el anciano y su esposa nos preguntaron si podíamos regresar en dos semanas y ministrar durante el fin de semana. Nos comprometimos a hacerlo. Regresamos, ministramos y nos reunimos con los miembros de la iglesia. Mientras visitábamos a un pastor amigo esa noche, los miembros de la iglesia se reunieron y por acuerdo unánime nos invitaron a ser sus pastores.

Dos semanas más tarde, estábamos en camino con nuestra familia para servir de pastores en la iglesia de Gilroy, California. Dios nos dio favor, la iglesia creció y yo supe que este fue un encuentro divino con una dirección divina. Nuestro tiempo allí fue un tiempo de sanidad y reagrupamiento en el ministerio. Fue una experiencia muy valiosa. Sin embargo, yo sabía que esto solamente era por

Conclusión

un tiempo. No había perdido mi pasión por Latinoamérica y la comunidad hispana.

Un domingo en la mañana, mi hijo mayor, Esteban, y yo nos detuvimos a desayunar antes de ir a la iglesia. Un hombre se acercó a la mesa y sin preámbulo o presentación, declaró lo siguiente: «Dios quiere que le diga que Él no ha terminado con usted y que tiene un ministerio para usted entre los hispanos». Le pregunté quién era y cómo sabía quién era yo. Su respuesta fue, «Eso no importa, solamente reciba la palabra del Señor». Entonces se volteó y se fue. Mi hijo Esteban me preguntó, «¿Papá, quién era esa persona?». Yo no tenía respuesta. Pero lo que sí tenía era una palabra de Dios acerca de mi futuro.

Ese día no pude predicar. Sólo le pude comunicar a la congregación que había escuchado de Dios. Como la congregación era básicamente una congregación angloamericana, yo supuse que iba a comenzar un ministerio hispano, lo cual hice. A través de ese ministerio, Dios abrió una puerta para que yo viajara a El Salvador a ministrar. En ese momento, Dios me dio el estímulo y la dirección de que yo debía renunciar a la iglesia en Gilroy y regresar a Latinoamérica a ministrar. Yo tenía más preguntas que respuestas.

Al regresar a casa, le mencioné a mi esposa que Dios había tratado fuertemente conmigo sobre regresar a la obra misionera en Latinoamérica. Aunque teníamos dos hijos adolescentes y uno de once años de edad, que se habían ajustado a vivir una vida muy a gusto en los Estados Unidos, yo sabía que Dios los protegería si caminábamos en obediencia. Donna estuvo de acuerdo que debíamos responder al llamado de Dios sobre nuestra vida.

Fuimos dirigidos a Guadalajara, México. Mi participación con las misiones en Latinoamérica había sido en establecer iglesias y en entrenamiento. Habíamos plantado muchas iglesias en el Caribe y en Costa Rica. Pero ahora yo sentía que Dios tenía en mente un tipo de ministerio diferente. Y ciertamente era así. Fue difícil para mí definir la visión que Dios me estaba revelando.

Nos mudamos a Guadalajara. Durante nuestro tercer día, mientras manejábamos por la ciudad, buscando una casa de renta, nos pegó un automóvil en la parte trasera del nuestro y nos impulsó contra el auto frente a nosotros. Nuestra pequeña vagoneta quedó como un acordeón. Nuestros hijos estaban un poco temblorosos, pero gracias a Dios, sin ningún daño. Nuestro auto fue remolcado a una estación de policía hasta que se llegara a un acuerdo con la compañía de seguros. Estuvimos sin transporte por seis semanas. Desde luego, hubo algunos que cuestionaron si realmente estábamos en la voluntad de Dios. «Mire lo que le ha pasado, usted no debe estar en la voluntad de Dios.»

Dos días después del accidente automovilístico, Donna y yo acompañamos a otro pastor y su esposa para asistir a una conferencia de mujeres que estaba tomando lugar en un hotel. Solamente había cinco o seis hombres asistiendo, y uno de ellos era Miguel Cassina, que dirigía la adoración. Probablemente había más de 500 damas asistiendo.

La oradora invitada era Sandra Baker Howell, la esposa de un pastor de Laredo, Texas, que había pasado muchos años ministrando en Latinoamérica. Ese día ella les habló a las damas sobre «la fe». Los hombres presentes también estábamos escuchando. Debido a las circunstancias por las que pasábamos, yo necesitaba ese mensaje. Acabábamos de llegar, nuestro auto estaba destruido, no habíamos encontrado una casa para rentar, estábamos viviendo por fe, no

Conclusión

teníamos ninguna garantía de apoyo económico, era difícil definirle mi propósito a otros; pero Dios estaba a punto de hablar.

Fui tan bendecido por el mensaje que Sandra había dado sobre la fe que me sentí obligado a hacerle saber la bendición que ella había sido. Nunca la había conocido antes. Ella no tenía idea de quién era yo. Al terminar la reunión, traté de llegar a donde ella estaba. Parecía que ya se iba hacia la salida, pero entonces se volteó, y pasando a través de una multitud de damas deseando saludarla, se dirigió directamente hacia mí y llegó hasta donde yo me encontraba. No hubo ningún saludo o presentación. Ella sencillamente profetizó, «Yo no sé quién es usted o lo que hace aquí en Guadalajara, sólo sé que Dios me dijo que le dijera a usted que "siguiera adelante". Lo que Él lo ha enviado a hacer aquí es lo correcto. Usted bendecirá a muchas naciones. Usted tendrá un ministerio muy visible. No será comprendido por muchos, pero usted ha sido enviado para bendecir a líderes».

En ese momento en mi ministerio, yo me puse a pensar si Dios estaba siendo gracioso con esas palabras. ¡Claro, yo tendría «un ministerio muy visible» viajando en los autobuses de Guadalajara ya que mi vehículo había sido chocado! Después de analizar este encuentro, me di cuenta que yo necesitaba esa palabra y que ¡Dios conocía mi dirección, aunque yo no la sabía!

Por los próximos dos años, se comenzaron a desarrollar relaciones y el ministerio comenzó a extenderse a otras partes de Latinoamérica. ***Muchas veces, lo que estamos haciendo al momento parece un proceso lento, pero Dios sabe a través de lo que tenemos que pasar para estar preparados para el futuro***

que Él tiene para nosotros. Mientras recuerdo esos días, me doy cuenta de cuán importante fue ese tiempo para nuestro desarrollo.

Dios nos da «impresiones» y señales a lo largo del camino en nuestra trayectoria hacia el éxito. Cuando fui ordenado en el ministerio en 1972, en un retiro misionero en Quito, Ecuador, Dios me dio una visión gloriosa. Mientras yacía postrado en el piso del Hotel Intercontinental en Quito, Dios me mostró varias escenas que se volverían realidad en mi vida. En esa visión, Dios me mostró multitudes de personas que eran de ciertos grupos étnicos en particular. Me fueron reveladas cuatro escenas específicas. No comprendí su significado en ese momento. El siguiente año, mientras estaba ministrando en Haití, observé la multitud y de pronto recordé haber visto esta multitud en la visión que Dios me había mostrado. Fue una confirmación de que estaba en la voluntad de Dios.

Nuestra próxima misión fue Costa Rica. Durante nuestro tiempo en ese país pudimos establecer 17 iglesias. Nuestra iglesia principal comenzó a crecer. En una cruzada en particular al principio de los ochenta, mientras observaba el gentío, lloré mientras veía la multitud de caras que me habían sido reveladas en 1972, de nuevo confirmando la visión que Dios me había dado.

Pero desdichadamente, perdí mi enfoque. Se distorsionó mi visión. Caí víctima de los ocho obstáculos que he descrito anteriormente en este libro. Me volví un esclavo del tiempo. Permití que mis sentimientos fueran heridos. Temía al fracaso. Me encontré ocupado fingiendo actividad pero teniendo muy poca productividad. Traté de hacer cosas para las cuales no estaba capacitado ni había sido llamado a hacerlas. Escuché las voces equivocadas. Descuidé mi alimento espiritual. Las ocho maneras seguras de fracasar habían afectado mi vida. Mi carácter fue puesto a prueba. Mi salud fue puesta a prueba. Mi ministerio fue puesto a prueba. Yo necesitaba restauración.

¿Podría yo alguna vez ser de nuevo efectivo en el ministerio? Pero aún en mi «tiempo de pesadumbre», me di cuenta que había nacido con un propósito y mi llamado era irrevocable. Mientras recordaba las escenas que Dios me había revelado en Ecuador, yo sabía que Él, que conoce «el fin desde el principio» tenía la imagen completa en mente y yo todavía era solamente el marco.

Anteriormente en este capítulo mencioné mi visita a El Salvador. Mi contacto en ese lugar había organizado una cruzada al aire libre en uno de los puertos de El Salvador. Él había obtenido permiso para cerrar dos de las calles de la cuidad para conducir la cruzada. Mientras estaba predicando a la multitud de gente, de pronto me vi forzado a tomar una pausa a causa de una interrupción divina. Observé la multitud, y Dios me preguntó si recordaba la escena. Sí, era la tercera escena que Él me había revelado en una visión en 1972. De nuevo yo sabía que Dios estaba confirmando su propósito en mi vida. Él me estaba poniendo de nuevo en el curso correcto.

> **Usted puede desarrollar estrategias, planear, disciplinar su vida, y programar sus actividades, pero para evitar el fracaso o sobreponerse a él en su vida, requiere un encuentro divino.**

Usted puede desarrollar estrategias, planear, disciplinar su vida, y programar sus actividades, pero para evitar el fracaso o sobreponerse a él en su vida, requiere un encuentro divino. Una de las experiencias más impactantes de mi vida cristiana ocurrió hace sólo unos pocos años.

Estaba asistiendo a una gran conferencia en el Centro de Convenciones de Dallas. Uno de los oradores era Sergio Scataglini. Yo había conocido a Sergio varios años atrás. Su esposa había visitado nuestra casa antes de que ellos se casaran. Yo estaba ansioso de escuchar a Sergio ministrar y me sentía orgulloso de cómo Dios lo había levantado para ser una voz a las naciones. Al finalizar su mensaje, él invitó a los pastores que deseaban oración, que pasaran a la plataforma. Habían como 8,000 asistentes. Aunque no todos eran pastores, ¡parecía que casi todos en el auditorio sentían un llamado pastoral esa noche! Había una urgencia para llegar a la plataforma. Parecía casi imposible llegar a ella.

Después de una hora de ministrar y orar por los pastores, uno de los organizadores anunció que Sergio no podía recibir a nadie más. Era tarde. Para entonces yo había llegado cerca de la plataforma, y uno de los pastores me cogió del brazo y me dijo, «Rafael, tú necesitas que Sergio ore por ti». Mientras me acercaba, Sergio, con la poca fortaleza que le quedaba, levantó la cabeza y alzó su brazo para orar por mí y me dijo, «Mi amigo Rafael». Hasta la fecha yo no sé si él puso sus manos sobre mí. Todo lo que sé es que Dios se encontró conmigo ahí en ese momento. Mientras yo yacía en el suelo, Dios comenzó a tratar con mi vida de una forma muy extraña. Era como si Dios me estuviera llevando a través de la historia de mi vida. Con cada escena, Él me revelaba el equipaje que yo había cargado toda mi vida.

Conclusión

Entonces el Espíritu Santo quitaba literalmente de mí esa capa de mi pasado.

Resentimientos que yo ni me había dado cuenta que estaban todavía en mi espíritu fueron confrontados durante esta experiencia. Los resentimientos de nuestro pasado pueden obstaculizar nuestro futuro. Se me hizo obvio que las heridas de mi niñez afectaban mi actitud hacia las personas en una posición de autoridad. Los complejos de inferioridad eran parte de mi pasado. Esto causó una cierta inseguridad en mi vida que se manifestó en un sentido de intimidación cuando me encontraba con aquellos que yo consideraba de éxito en el ministerio. Parecía que cada vez que yo abría la boca en su presencia mis palabras eran cortas, incoherentes, o al menos, de poco significado. Pero mientras yo estaba postrado ante el Señor aquella noche, Dios me despojó de toda intimidación. Él confrontó muchos de los complejos que yo ni siquiera había identificado.

Dios continuó el proceso de remover de mí capa tras capa del "... peso que nos asedia" (Hebreos 12:1). ¡La actitud de «pobre de mí» había desaparecido! La mentalidad de pobreza había sido confrontada. Cada uno de nosotros necesita un encuentro que nos conduzca a estar desnudos ante Dios para que Él nos pueda vestir con su justicia.

Después de alrededor de 45 minutos de limpieza y preparación para las vestiduras de Dios y su cobertura de unción y justicia, Dios comenzó un nuevo proceso en mi vida.

Por los siguientes 45 minutos, yo experimenté una nueva dimensión en el ministerio que Dios me había llamado a ejercer. Fui fortalecido en mi carácter. Me di cuenta que Dios tenía su mano sobre mi vida. Desde que tuve esa experiencia, hay una nueva percepción y un nivel de revelación que yo no había experimentado anteriormente. Sin lugar a dudas, yo había tenido cierto grado de éxito en el ministerio. Dios me había ayudado en el desarrollo de mi ministerio estableciendo varias iglesias a través de Latinoamérica e incluso en los Estados Unidos. Sin embargo, mi pregunta es, ¿qué pudiera haber sucedido si yo no hubiera cargado tanto peso de equipaje extra todos estos años?

Finalmente mi esposa me susurró al oído, «Rafael, nos tenemos que ir, ya quieren apagar las luces». Me levanté y comencé a caminar como si estuviera ebrio. Puedo asegurarle que mi esposa no me iba a permitir manejar a casa. Ella se volvió mi «chofer designado». En el camino a casa ella me preguntó, «Rafael, ¿qué te pasó?». Yo todavía estaba tratando de comprender la experiencia. Cuando abrí mi boca para relatársela mi experiencia, estaba tan anonadado que su única respuesta fue «¡Estupendo!»

Literalmente pasaron varios días antes de que pudiera relatar exactamente el proceso por cual había esta renovación en mi vida y en mi ministerio.

La experiencia de toda persona es diferente. No trate de duplicar la de otra persona. Busque su propio encuentro con Dios. Dele la bienvenida a la invasión de Dios en su vida. Nunca se arrepentirá.

Mi oración para usted es que haya identificado las áreas de su vida que han sido sus obstáculos en el camino al éxito. He hecho el esfuerzo por ser vulnerable, transparente y directo con usted. Abra su corazón. Sea fiel a sí mismo. Dios tiene un lugar para usted. Camine en él.

Para contactarnos:

Ministerios Mundo de Fe
2644 E. Trinity Mills Road
Carrollton TX 75006
Tel: (972) 417-6912
Fax: (972) 417-6916
Email: mdf@covenantchurch.org
Website: www.mundodefe.org

Avance Producciones presenta el nuevo disco de Tim Holland . . .

LA RAZÓN tim holland

Otra música de Tim Holland

Recursos para avanzar • Casa productora de Mundo de Fe
2644 E. Trinity Mills Rd. • Carrollton, TX 75006 972.417.6912 • info@avanceproducciones.com • www.avanceproducciones.com